J. BOULANGER

MAURICE RONDET-SAINT

CHOSES DE L'INDOCHINE

CONTEMPORAINE

PRÉFACE DE M. LE MYRE DE VILERS

AMBASSADEUR HONORAIRE

ANCIEN GOUVERNEUR DE COCHINCHINE

AVEC UNE CARTE

PARIS

LIBRAIRIE PLON

PLON-NOURRIT ET Cie, IMPRIMEURS-ÉDITEURS

8, RUE GARANCIÈRE — 6e

1916

Tous droits réservés

CHOSES DE L'INDOCHINE

CONTEMPORAINE

PARIS. — TYP. PLON-NOURRIT ET Cie, 8, RUE GARANCIÈRE. — 21408.

MAURICE RONDET-SAINT

CHOSES DE L'INDOCHINE

CONTEMPORAINE

PRÉFACE DE M. LE MYRE DE VILERS

AMBASSADEUR HONORAIRE

ANCIEN GOUVERNEUR DE COCHINCHINE

AVEC UNE CARTE

PARIS

LIBRAIRIE PLON

PLON-NOURRIT ET Cⁱᵉ, IMPRIMEURS-ÉDITEURS

8, RUE GARANCIÈRE — 6ᵉ

1916

Tous droits réservés

A

MONSIEUR LE GOUVERNEUR GOURBEIL

INTRODUCTION

L'apparition d'un ouvrage traitant de matières coloniales au moment même où la Mère-Patrie est engagée dans une lutte gigantesque pour sa propre existence surprendra peut-être certains? Et c'est l'impression que j'ai de ce sentiment qui m'incite à expliquer le mobile auquel j'obéis en publiant ce livre à l'heure présente.

CENSURÉ

*Ici j'expliquais les raisons qui m'incitaient
à publier ce livre à l'heure actuelle. La censure
ne m'a point permis de le dire : ni cela, ni
maintes autres choses, en cet ouvrage. Plus tard,
les temps normaux revenus, sans doute serai-je
amené à rétablir l'édition intégrale : fût-ce à
titre de documentation sur ce qu'aura été la*

faculté d'écrire à l'époque exceptionnelle que nous vivons.

CENSURÉ

« Ce sentiment de regret, disait à ce propos M. S. Palier en une belle étude parue dans le *Bulletin de la Société de Géographie Commerciale*, s'avive encore, chez ceux qui suivent de près le développement ininterrompu de l'Indochine non moins que chez tous ceux qui en sont les artisans convaincus et dévoués, d'une impression d'amertume dont ils ne peuvent pas toujours se défendre lorsque la légèreté, la témérité sinon la présomption d'un jugement insuffisamment autorisé par la réalité des faits ou des événements, témoignent d'une injustice d'appréciation qui risque de porter involontairement ses échos et les effets de ses erreurs jusqu'aux oreilles complaisantes des fomentateurs de troubles aux portes mêmes de la colonie.

« Quels que soient les droits — nous dirons même, dans l'esprit le plus libéral, — les nécessités de la critique au service de la sincérité et de la bonne foi, l'heure est moins que jamais aux paroles, aux idées, aux conceptions, qui pourraient engendrer une dépréciation des énergies nationales, des valeurs morales et matérielles qui représentent, sous des formes multiples et souvent insoupçonnées, les forces réalisées ou attractives puisées dans le domaine colonial par les racines lointaines de notre influence tutélaire et régénératrice. Il est vraiment réconfortant de voir l'Indochine — puisque c'est d'elle qu'il s'agit — apporter, en ces heures tragiques et monstrueuses, les témoignages de son loyalisme indéfectible avec l'appui efficace et matériel de ses contributions de secours à l'œuvre de solidarité nationale.

« Sans doute ne la connaît-on pas assez, dans la métropole, cette lointaine possession où germent, depuis si longtemps, et produisent de si belles floraisons, l'énergie de nos colons planteurs, de nos industriels et commerçants non moins que le dévouement de nos administrateurs. Pourquoi ignore-t-on encore trop souvent et trop légèrement la valeur de cette Indochine féconde et productrice, si riche au point de vue économique et si reconnaissante à ceux qui savent lui confier leur effort intelligent et leurs espoirs raisonnables ? »

*
* *

« On ne connaît pas assez dans la Métropole cette lointaine possession... » dit M. S. Palier qui détermine ainsi, sans l'avoir voulu spécialement diagnostiquer peut-être, le siège du mal.

On ne la connaît pas ; ni elle, ni cet admirable faisceau de territoires conquis à la France par une poignée des siens : grands politiques, héros des guerres lointaines, hardis pionniers, dont l'œuvre réunie a fait en trente ans de notre pays la seconde puissance coloniale du monde !

Non seulement on les ignore presque, en dehors des milieux spéciaux, mais il est plus déconcertant encore : Ce gigantesque et patient travail par quoi s'élaborait notre renaissance nationale, la masse française prise dans son ensemble l'a en partie dédaigné. Elle s'en est pour ainsi dire désintéressée. Et il a fallu — cela est d'hier — le rôle joué dans la vie extérieure de notre pays par l'intervention au Maroc, comme l'importance de l'effort exigé par celle-ci, pour rappeler au peuple de France que, au delà de ses frontières continentales, les meilleurs de ses enfants soutiennent une lutte constante afin de faire la patrie plus grande et plus puissante.

Une semblable méconnaissance des choses est une faiblesse et un mal parce qu'elle aboutit au désintéressement à une époque où tout ce qui est fait au nom de la collectivité nationale repose sur l'appui moral et le concours de celle-ci. On doit donc voir là dans la mentalité française une lacune, non pas limitée aux seules choses coloniales mais dont souffrent aussi bien nos affaires maritimes et nos intérêts généraux à l'extérieur. Elle devait solliciter l'attention de certains esprits avertis. Leur action s'est traduite par l'organisation de la Ligue coloniale française, dont le programme de vulgarisation complète parallèlement ce qu'a accompli, dans le domaine de la marine, la Ligue maritime. Déjà, de beaux et bien encourageants résultats avaient été obtenus par la Ligue coloniale, aux destinées de laquelle préside l'éminent M. Eugène Étienne, lorsqué les événements sont venus interrompre une propagande s'adressant à toutes les classes et qui s'annonçait si féconde. Elle sera reprise sitôt après la guerre avec le même dévouement, la même foi. Hélas! celui qui fut un des bons ouvriers de la première heure dans cette tâche patriotique, notre ami Georges Gravier, ne sera plus là pour apporter aux travaux de la Ligue le concours précieux de son ardeur, de son énergie, de son activité :

Gravier, qui avait repris son épée d'officier, a donné sa vie pour cette France qu'il aimait si passionnément.

Que la mémoire de notre dévoué et vaillant collaborateur soit associée à ces pages!

*
* *

La préoccupation de la vulgarisation nécessaire en matière coloniale ne m'a pas seule décidé à les publier maintenant : ce faisant, j'ai voulu mettre en action la formule si juste qu'émettait dernièrement M. Delcassé :

« C'est à présent qu'il importe de préparer notre relèvement économique, notre situation à la fin des hostilités dépendant de ce qui aura été fait sous ce rapport au cours d'une guerre prolongée. »

Or, une des formes directes de concours à apporter à un objectif si conforme au bien de notre nation n'est-elle pas de contribuer à faire mieux connaître de nos concitoyens ce qu'est, sinon notre empire colonial tout entier, — car l'entreprise serait d'un développement sortant des limites assignées à cet ouvrage, — du moins un des éléments de cet empire, parmi les plus importants, les plus intéressants champs d'action qu'il offre à nos activités?

*
* *

Un mot encore : J'eusse pu essayer de résumer, en les effleurant tous sans en pousser aucun, l'ensemble des facteurs qui constituent notre grande possession asiatique. Mais c'était dépasser mon programme ; puis risquer de tomber dans la monographie ou la répétition de certaines études générales d'ordre économique, déjà publiées et parmi lesquelles le très remarquable ouvrage intitulé *l'Indo-Chine française,* de MM. Henri Russier et Henri Brenier, vaut une mention à part.

J'ai donc adopté une autre méthode : celle qui consiste à choisir, dans un vaste ensemble, quelques points spéciaux très divers et à les présenter sous l'angle sous lequel on les a vus soi-même : tel le sondage que l'on pratique en des terrains que l'on sait renfermer une grande richesse et auxquels on demande ainsi le secret de leurs trésors.

Une semblable forme, je ne me le dissimule pas, aboutit sans doute à une cohésion moindre dans le bloc de la rédaction ; mais aussi à plus de variété, ennemie de la monotonie : donc à rendre assurément la lecture moins aride à qui n'est pas familiarisé avec les choses économiques et coloniales.

La facilité de lecture n'est-elle pas, en effet, un des premiers objectifs auxquels doit tendre le vulgarisateur : lequel, par définition, s'adresse tout naturellement à un public non spécialisé qu'il s'agit d'initier et de retenir sans le rebuter?

*
* *

Puissé-je, par cet essai dénué de prétentions, avoir contribué à faire mieux connaître, donc mieux aimer, un peu de notre Indochine, et marquer ainsi à notre admirable Asie française, dans une mesure certes bien faible, ma reconnaissance des inoubliables joies que sa beauté m'a procurées.

M. R.-S.

PRÉFACE

M. Rondet-Saint est passionné de voyages et les longues traversées ne l'effraient pas. Il a beaucoup vu et beaucoup retenu ; très avisé et très documenté, ses déductions le conduisent fréquemment à constater des faits économiques ou sociaux ignorés des Colons fixés depuis plusieurs années dans les régions qu'il visite pour la première fois.

Au retour il ne manque pas de publier les résultats de ses observations, et fournit ainsi au public d'utiles renseignements. Sa compétence, en matière coloniale, est universellement reconnue.

Dans ce nouveau volume, l'auteur rend compte de son voyage en Indochine, qu'il a visitée l'année dernière, avant son départ pour l'Argentine, l'Uruguay et le Brésil, comme attaché à la Mission Baudin.

Parti de Marseille, notre compatriote suivit

la grande route maritime qui rejoint l'Angleterre au Canada occidental, route jalousement surveillée par de puissantes forteresses échelonnées sur son parcours : Gibraltar, Malte, Chypre, Port-Saïd, Suez, Périm, Aden, Colombo, Pointe de Galles, Singapore, Hong-Kong, Vancouver; sentinelles vigilantes reliées entre elles et la métropole par le télégraphe, qui, en temps de guerre, couperaient les communications entre l'Europe et le monde extérieur.

Ainsi s'affirme la maîtrise de la race anglo-saxonne sur l'univers.

Un pareil spectacle ne peut manquer de frapper l'esprit d'un homme réfléchi, et cependant cette œuvre fut accomplie sans effort.

Quand le colosse impérial fut abattu, Wellington ne s'attarda pas à discuter avec les Alliés la cession de lambeaux de territoires enlevés aux princes alliés ou amis de Napoléon et il se contenta de leur demander l'abandon au profit de l'Angleterre des colonies françaises. La question n'intéressait pas les diplomates du Congrès de Vienne; pouvait-on du reste refuser quelque chose au vainqueur de Waterloo? Seule, la France restait en cause et on lui avait enlevé la parole. Cependant elle ne pouvait renoncer à sa tradition séculaire, d'autant moins que, par un oubli inexplicable, on lui laissait l'embryon d'un domaine colonial : Saint-Pierre et Miquelon, la Martinique, la Guadeloupe, la Guyane, le Sénégal, la Réunion et les Comptoirs de l'Inde, Sainte-Marie de Madagascar et le fort Dauphin, possessions peuplées d'un million d'habitants, en grande majorité d'origine africaine.

Nos relations avec nos voisins d'outre-Manche manquèrent de cordialité ; leurs exigences étaient excessives, ils allaient jusqu'à prétendre exercer un droit de préemption sur toutes les terres vacantes. Plusieurs fois, nous fûmes à la veille d'un conflit : expédition d'Alger, incident Pritchard à Tahiti ; affaires d'Égypte en 1841.

La guerre de Crimée rapprocha les deux nations ; cependant nous ne parvînmes pas à établir notre protectorat sur Madagascar.

Sous la troisième République, l'Angleterre, désorientée par les succès de l'Allemagne, troublée par les revendications ouvrières, se renferma dans son *splendide isolement* et se désintéressa de la politique extérieure, ce qui nous permit d'établir enfin notre protectorat sur Madagascar et d'obtenir de légitimes satisfactions au Siam. A cette époque, il fut question d'un accord entre la France et l'Allemagne à la recherche d'un domaine colonial, en vue de résister aux exigences de l'Angleterre, accord impossible à réaliser en raison de l'annexion de l'Alsace-Lorraine.

Après la mort de la reine Victoria, son fils Édouard VII rendit à la politique britannique son éclat des plus beaux jours et conclut la Triple-Entente : Angleterre, France et Russie marchent en pleine communauté de vues pour combattre l'hégémonie allemande soutenue par l'Autriche-Hongrie.

CENSURÉ

Si, au cours du siècle dernier, le Foreign Office se montra souvent agressif,

le Colonial Office, au contraire, fit preuve d'un admirable esprit de gouvernement et d'une sage prévoyance. Éclairé par les résultats de la guerre de 1775-1783, ses ministres successifs, à partir de Lord Grey, comprirent qu'une colonie de peuplement ne pouvait avoir qu'une durée précaire; il arrive une heure où sa population dépasse celle de la Métropole, où les colons veulent échapper aux routines et aux préjugés d'une société surannée, où l'opposition des intérêts en cause rend la séparation inévitable. Ce n'est pas par des mesures de rigueur et de répression qu'on prévient ou ajourne la rupture, mais bien en laissant les habitants maîtres de leurs destinées, en leur accordant toutes les libertés compatibles avec l'ordre public.

C'est dans cet esprit que furent constituées successivement les Dominions d'Australie, du Canada et de l'Afrique du Sud : cette dernière au lendemain de la guerre des Boers. La Métropole n'est représentée que par un gouverneur délégué du Roi et n'ayant d'autre pouvoir que ceux du souverain constitutionnel. Des chambres électives nomment les ministres choisis dans leur sein.

Allant plus loin, le Colonial Office s'est efforcé d'adapter une partie de ces dispositions à ses deux grandes possessions de domination, l'Inde et l'Égypte, en associant ses sujets au gouvernement, en leur distribuant une bonne justice, en améliorant leur situation matérielle et morale.

La guerre actuelle prouve les mérites de ce régime. Les colonies ont fourni plus du tiers des effectifs du front occidental.

Si les transformations économiques nécessitent un jour la séparation de la Métropole, ces États indépendants, de même race, parlant la même langue, de même civilisation, constitueraient avec l'Empire Britannique une Fédération. L'Angleterre n'aurait rien à y perdre.

La Cochinchine doit une véritable reconnaissance à M. Rondet-Saint, un des rares publicistes qui se sont occupés de la situation financière et économique de cette colonie depuis la constitution de l'unité indochinoise, en 1898, M. Doumer étant gouverneur et M. Decrais ministre, monument de la centralisation française poussée à ses extrêmes limites.

L'administration de six États différents par leurs races, leurs langues, leurs écritures, leurs religions, leurs institutions, leurs législations, leurs régimes politiques, leurs civilisations, se trouva concentrée au gouvernement général, incapable, faute d'agents compétents, d'exercer un contrôle effectif, administrant un budget de plus de cent millions de francs, sans le concours d'une assemblée élective.

L'*Atlas statistique* publié par les soins de M. Henri Brenier, chef des services économiques, étude qui témoigne d'un véritable talent, démontre la confusion qui règne dans cette colonie.

Néanmoins, on peut encore affirmer que la Cochinchine est la possession agricole qui s'est développée le plus rapidement. En 1858, dernière année de la souveraineté de l'Empereur Tu Duc, l'exportation des riz ne dépassait pas quelques centaines de tonnes; vingt ans après la conquête de 1878, elle atteignait 300 000 tonnes; en 1907 elle dépassait 1 260 000 tonnes. La Cochinchine est devenue un des trois greniers d'abondance qui alimentent, en cas de récolte déficitaire, la Chine méridionale, l'Insulinde, le Japon, les Philippines et les marchés d'Europe.

En 1950, elle occupera le premier rang, si la Métropole et le gouvernement général ne continuent pas à l'exploiter trop rigoureusement.

Son commerce, exportations et importations, s'élève à 92 francs par tête d'habitant, tandis que la proportion pour les quatre autres États de l'Indochine n'est que de 27 francs.

CENSURÉ

Ces chiffres, qui doivent être officiellement exacts, semblent indiquer qu'il existe en Indochine une administration occulte percevant des impôts à son profit.

La Cochinchine doit sa prospérité à la suppression du servage (1881) qui, en Asie comme ailleurs, a été suivie d'un rapide accroissement de la richesse ; à des institutions libérales et à une équitable distribution de la justice aux indigènes qui assurent leur sécurité et les fait participer aux affaires publiques ; à la substitution des caractères français aux caractères idéographiques, qui permet à l'administration de correspondre directement avec ses administrés. Je sais bien qu'après trente années d'occupation, ces réformes sont difficiles à appliquer dans le reste de l'Indochine. Mais tout au moins faudrait-il les préparer en y apportant la prudence nécessaire.

C'est avec raison que M. Rondet-Saint se refuse à établir une comparaison entre les ports de Singapore et de Saïgon; ils n'ont aucun caractère commun. Singapore n'a pour hinterland que la presqu'île malaise; c'est une station de charbonnage pour les nombreux paquebots et cargos des lignes de Chine, un port de transit pour les Indes néerlandaises et Bangkok-Siam, dont la barre du Ménam n'a qu'un tirant d'eau de moins de quatorze pieds aux hautes marées de morte-eau.

Saïgon, au contraire, en raison de son éloignement de la route directe de Chine, ne reçoit pas de navires de passage; tout son commerce consiste à exporter ses produits et à importer des marchandises de provenance étrangère dont il a besoin ou qu'il distribue en Indochine.

*
* *

M. Rondet-Saint fournit sur l'Indochine entière de précieux renseignements, des appré-

ciations souvent fondées et jamais malveillantes
que le lecteur lira avec profit.

Quand il a eu fait connaître l'Indochine
dans ses différents éléments, il arrive au sujet
qui l'intéresse le plus.

Comme son oncle, M. Charles Saint, le
député et grand industriel qui dépensa une
somme considérable pour essayer d'acclimater
au Tonkin la culture du jute, le neveu, très
passionné pour les intérêts coloniaux, voudrait
organiser en Indochine le service du tourisme. Je crois l'idée excellente, la colonie ne
peut que gagner à faire connaître au public
qu'elle vaut mieux que sa réputation. Incontestablement, au début de notre occupation, la
santé publique laissait fort à désirer; on a
même prétendu qu'à cette époque la mortalité
chez les Européens y dépassait la proportion de
10 pour 100 par an. Heureusement le creuse-
ment des égouts, l'alimentation en eau potable,
le service de la voirie et de vidange, le comble-
ment des marais, les plantations, la mise en
culture des terrains vagues, l'amélioration des
logements, l'augmentation de la solde des
petits fonctionnaires, le droit au congé après
trois ans de séjour, la multiplicité des communications postales, journalières ou semi-journa-
lières, par bateaux à vapeur, qui permettent à

tous les postes de s'approvisionner en eau
potable et minérale, en glace à rafraîchir et en
médicaments, a complètement modifié la situation sanitaire. Pendant la mousson du Sud-
Ouest, la température uniforme le jour et la
nuit, la tension électrique de l'air, des pluies
torrentielles rendent le climat pénible à supporter; au contraire, pendant la mousson du
Nord-Est, l'époque de l'hiver de France,
durant laquelle la hauteur des eaux du grand
lac permet seulement de naviguer, le séjour de
Saïgon ne peut être qu'agréable.

La ville est fort jolie, certainement la plus
belle de l'Extrême-Orient; une assez bonne
troupe d'opéra donne deux représentations
par semaine, des théâtres chinois et annamites jouent tous les jours; de 4 à 7 heures,
des orchestres tziganes ou autres musiciens
font de la musique dans des cafés élégants. Les
deux principaux hôtels sont bien installés avec
salle de douches pour chaque appartement ; la
cuisine y est très soignée et réputée.

Le Jardin botanique est superbe et fournit
un lieu de promenade pour les piétons. Des
automobiles vous transportent dans les environs, qui sont charmants. On peut donc attendre
sans ennui soit le paquebot qui vous transpor-
tera à Pnom-Penh, soit le navire de haute mer

qui vous conduira à Hanoï, à Hong-Kong, en Chine, au Japon, au Canada, ou vous ramènera à Colombo et vers la France, à moins que vous ne préfériez le chemin de fer transsibérien.

Le Mékong est un des plus grands fleuves du monde, les arroyos qui s'y jettent avec leurs jardins, leurs fleurs, leurs aréquiers sont charmants et font rêver du Paradis terrestre.

A Pnom-Penh, Sa Majesté Sisowath, un très aimable souverain, fait toujours bon accueil aux étrangers, qui sont admis aux représentations données par les dames de la Cour.

Puis les ruines d'Angkor sont admirables, et Pierre Loti n'a assurément pas forcé la note; je me souviens, comme si c'était d'hier, du défilé de notre cortège sur la chaussée des géants; douze éléphants caparaçonnés de rouge, un peloton de cavalerie, une douzaine de chars à bœufs trotteurs, une douzaine de chars à buffles.

C'est dire que j'approuve le projet d'organisation de M. Rondet-Saint et lui prêterai mon entier concours. Du reste, je suis presque son précurseur. Il y a trente-sept ans, quand j'arrivai à Saïgon, vingt ans après la conquête, un très petit nombre d'Européens avaient visité la vallée du Mékong. Pour jouir de cette faveur, il fallait être l'hôte d'un administrateur des affaires indigènes. Je pensai nécessaire que nos compatriotes connussent l'intérieur de la colonie et je fis ouvrir deux auberges, à Mytho et à Pnom-Penh.

Comme nos chefs d'arrondissement étaient pour la plupart des officiers de marine, ils avaient consacré tous leurs soins à l'amélioration des voies d'eau et croyaient inutile de s'occuper des voies terrestres. Le seul chemin que nous possédions était la promenade dite « l'Évêque d'Adran, » d'une longueur de 10 kilomètres. Les belles routes mandarines construites par l'Empereur Minh Mang s'effondraient dans les rizières, faute d'entretien. J'estimai au contraire que le meilleur moyen d'assurer la sécurité était de pénétrer le pays en tous sens et d'entrer en relations avec les indigènes. Aussi, je fis tracer un grand nombre de routes et des chemins; c'était plus facile que de les construire.

Heureusement, les Annamites comprirent les avantages de mon projet.

Restaient les ponts, dont l'établissement présentait d'énormes difficultés. Dans la vallée du Mékong et de ses affluents, on ne trouva pas toujours le solide à 25 mètres de profondeur, d'où l'impossibilité de fonder des culées. M. Eiffel, auquel je m'adressai, inventa des passerelles formées d'éléments triangulaires égaux, reliés par des écrous à vis, se montant sans l'intervention du serrurier, qui reposaient sur des plates-formes en bois.

. Après mon départ, les villages continuèrent leur œuvre patiente, et c'est grâce à eux que la Cochinchine se trouve dotée d'un beau réseau de chemins vicinaux bien entretenus sur lesquels roule l'automobile.

En classant mes papiers, j'ai retrouvé le journal de la première jeune femme, ou tout au moins une des premières, qui fit le voyage d'Angkor. Je crois qu'il intéressera le lecteur et aidera les futures exploratrices.

21 décembre 1879.

« Enfin voilà une journée absolument différente de la précédente. Le roi du Cambodge vient rendre la visite officielle au gouverneur, avec son escorte de gendarmes ; il était habillé en général français.

« Aux courses, je vois ce monarque exotique : habit noir, cravate blanche avec broche en diamants, bottines à élastiques et chapeau à haute forme.

« Je savais à peu près son physique et pourtant je suis si épatée, en arrivant, que je lui dis

bêtement : Bonjour, Monsieur ; je me rattrape
en lui donnant de la Majesté tout le temps.
M. Eymonnier traduit notre conversation, sans
quoi ce ne serait pas varié. Je suis trop officielle à ces courses pour m'y amuser ; il y a
beaucoup de monde de toutes les couleurs ;
beaucoup de voitures, des Annamites, des Chinois, des Indiens. Courses de chevaux comme
à Longchamp, courses attelées et, pour terminer, courses de chars à bœufs au grand galop,
conduits par des Annamites presque nus ; c'est
très curieux.

« Le soir, le Palais est encombré de lumières
et de fleurs ; soirée pour le grand bal ; on me
traite trop en cérémonie ; aussi je me décide à
dormir à moitié, je m'en trouve bien ; car je
finis par m'amuser tout à fait. Le cotillon est
mené par M. Raindre et moi.

« Le roi a l'air de s'amuser. »

22 décembre.

« Ah ! que je suis lasse de tant de plaisirs !
A cinq heures du soir, tour à l'hippique : un
tas d'affreux petits rossards. Après la promenade, il faut s'habiller au galop, grand dîner de
gala — 55 couverts. — Le Roi est assis en face
de moi ; il a amené ses cinq rejetons.

« Le consul d'Annam est un rude type, l'air d'une vieille femme, haut comme une botte, vêtu d'une sorte de robe de chambre de soie bleue, avec une affiche rouge dans le dos, et un bonnet pointu, brodé d'or, l'air malin d'un méchant singe. C'est un poème de voir son salut échangé avec Sa Majesté.

« Après le dîner, illuminations féeriques, retraite aux flambeaux, avec des animaux fantastiques illuminés. Impossible de décrire tant de merveilles. On ouvre les grilles; le bon peuple, de toutes couleurs, se promène. Les dames de Saïgon viennent sur le perron et se retirent de bonne heure. Je les quitte et vais voir les illuminations du jardin.

« Deux traits des mœurs exotiques et cochinchinoises : un des fils du Roi va s'asseoir sur le gazon après dîner pour avoir la volupté de retirer ses bottines qui le gênent; un invité du cru a emprunté un habit et pendant qu'il s'est égaré dans les massifs, on lui jette un godet d'huile sur ledit habit et l'infortuné de s'écrier : « Si encore il était à moi. »

Mardi, 23 décembre.

« Revue, toujours, en l'honneur du Roi ; enfin je le vois en général ; il est bien, avec son plumet et son grand cordon de la Légion d'honneur. Il fait un peu chaud : je suis toujours à la droite de Sa Majesté, *for ever*. Je crois avoir plus de dignité que lui et ce n'est pas malin. C'est drôle d'être princesse, pourvu que cela ne dure pas trop longtemps. Le charmant commandant de Foucault nous donne une fête réussie à bord du *Tilsitt* ; les verdures et les lanternes ont transformé le vaisseau en un jardin enchanté. La dunette surtout forme un *buen retiro* des plus agréables. D'abord dîner d'hommes, moi seule femme, le commandant met le Roi en face de moi : nous partageons encore le trône.

« Pour la représentation théâtrale, cela me fait faire la réflexion que je ne voudrais pas partager autre chose. Car il y a un théâtre, un vrai ; théâtre installé à merveille, on joue le *Chalet*, pas mal, puis des intermèdes chantés. Enfin le bal ; quoique très fatiguée, je reste jusqu'à la fin. Je conduis le cotillon avec M. Bouchard, un des aides de camp. Nous soupons en petit comité jusqu'à cinq heures du matin. N'oublions pas le petit coin d'en bas, où nous allons manger des huîtres et boire du vin blanc. »

Mercredi, 24 décembre.

« Je suis morte de fatigue, et, à présent que les nerfs sont détendus, impossible de me lever avant deux heures et demie, et ce qu'il y a de bon, c'est que je dors tout le temps, cela me permet de conduire mes petits chevaux. Je fais une visite à la plus jolie personne de la ville. A dîner, toujours la Majesté Cambodgienne, en petit comité, cette fois. Le soir, j'avais convoqué tous les musiciens de la colonie, qui ont été assez aimables pour nous enchanter de toutes façons, du sentimental, du comique. Norodom s'est amusé comme une petite folle. L'interprète me dit que j'ai complètement fait sa conquête. En voilà une chance! »

Jeudi, 25 décembre. Noël.

« Journée calme et reposée après les fêtes. La grand'messe, à laquelle je ne m'attendais pas, me paraît un peu longue. Contrairement à nos habitudes, je monte à cheval dans la journée, ou plutôt à 5 heures et demie. Nous dînons seuls entre les gens de la maison, cela fait du bien; par grand extraordinaire, personne le soir, c'est une chance. Promenade au clair de lune; M. de V... rêve d'humidité et me fait rentrer *in petto*.

Lundi, 29 décembre.

« Enfin à 10 heures nous partons pour le voyage tant désiré à bord de la canonnière du Gouverneur; le docteur Lucas, Raindre et Louvel nous accompagnent. Le commandant de Foucault et son état-major et M. de Champeaux sur une autre canonnière; nous passons par l'arroyo de la poste, végétation splendide; c'est vraiment ravissant. Pays très habité, paillotes pittoresques, qui perdraient à être vues de trop près. L'arroyo est très animé par les sampans et aussi par de grands bateaux chinois, avec un œil à l'avant.

« Je suis ravie du commencement de ce voyage. »

Mardi, 30 décembre.

« Nous marchons toujours, j'ai très bien dormi; nos voisins de l'autre canonnière viennent déjeuner, au grand désespoir de Louvel qui tremble pour ses provisions; nous arrivons à Pnom-Penh par un superbe soleil couchant. L'arrivée est très pittoresque, promenade au clair de lune. Nous entrons dans une bonzerie où les bonzes, ressemblant à nos moines, psalmodient sur un ton lugubre comme eux. En somme, toutes les religions sont semblables. Nous voyons des cases bizarrement éclairées, avec des familles nombreuses entassées à moitié nues. Dans l'une on voit un jeune homme, dans une autre on entend une musique monotone, partout des jeux de hasard.

« Pnom-Penh est une longue rue; nous nous y arrêterons plusieurs jours au retour, j'attends donc pour le juger. »

Mercredi, 31 *décembre*.

« Nous passons la journée à Pnom-Penh pour attendre le pain; c'est grave; je ne descends pas à terre. Enfin à 3 heures nous partons. Je ne vais pas très bien, mais je lutte et ne veux pas être malade.

« Les Mousquetaires (nom de l'autre canonnière) viennent déjeuner à bord et m'apportent leurs vœux, car l'année est finie; que de choses dans ces douze mois qui viennent de s'écouler! Je voulais que nous soupions à minuit, mais la fatigue l'emporte. La journée du lendemain sera rude, il est préférable de s'aller coucher. »

Jeudi, 1ᵉʳ janvier 1880.

« Voilà à coup sûr une manière originale de commencer l'année ; je me lève à 4 heures ; nous sommes mouillés à 5 heures et nous débarquons pour nous embarquer de nouveau sur les barques plates du pays ; le soleil n'est pas plus levé que la lune n'est couchée ; nous traversons un charmant arroyo et nous mettons pied à terre dans une forêt de bambous, suivis de tout le village qui rabat le gibier en poussant des cris sauvages et curieux. Ces Messieurs sont maladroits en vérité, car pas la moindre victime ; nous voyons pourtant un chevreuil, un lièvre et une quantité de poules sauvages ; qu'importe, puisqu'on s'amuse quand même.

« Retour et marche prolongée ; deux hommes exécutent des danses qui feraient des cavaliers seuls assez réussis.

« Nous levons l'ancre à 10 heures. A 3 heures arrivons à Port-aux-Cruches. Là nous visitons une pagode assez jolie. Le mandarin nous guide ; tous ces gens nous font des laïs (saluts à genoux). Avec les mêmes petites barques nous traversons une forêt submergée. Ces allées d'eau au milieu des arbres sont d'un effet charmant.

« Nous arrivons au village que j'appelle Potembourg, au milieu de bois de palmiers : on fait là des pots, des fourneaux de terre ; les femmes surtout sont d'une habileté remarquable ; nous en distinguons une ou deux assez jolies et fort bien faites. Elles ont les cheveux coupés comme les hommes ; beaucoup d'enfants, sommairement vêtus. Halte chez le mandarin ; j'entre dans le gynécée et non pas sans danger, car il faut traverser des planches disjointes au risque de se rompre le cou.

« Le retour en barque, accroupis sur des nattes, avec le soleil couchant, est plein de poésie.

« Cette journée du jour de l'an sera marquée d'une boule blanche ; ce n'est pas bêtement commencer l'année. »

Vendredi, **2** *janvier.*

« Navigation sur le grand lac, léger roulis dont je me tire mieux que je l'espérais sur cette coquille de noix. Nouvelle promenade en barque à travers une autre forêt submergée, nous rencontrons des naturels qui ne veulent pas nous conduire au mont Chevrine. Achat d'une bague

en argent. Les voisins aiment le chant de leurs
matelots. Malgré cela on se couche de bonne
heure pour se préparer à l'expédition du lendemain. »

Samedi, 3 janvier.

« Le branle-bas est sonné de bonne heure,
je me sens à moitié morte et il me faut un grand
courage pour me lever. Départ à 5 heures,
avant le jour, en jonque, bateau plat avec un
petit lit. Vu une grosse araignée et un can-
crelat. Cela me met du noir dans l'âme. Le
présage est menteur, car la journée est charmante et comptera parmi les bons souvenirs du
voyage. Je sors assez abrutie de la jonque. Là
nous trouvons des bandes d'horribles éléphants
et chacun de nous, au moyen d'une échelle, est
hissé sur le formidable animal. On est un peu
secoué et les jambes sont difficiles à caser. Le
cornac est à cheval sur le cou de l'éléphant;
nous suivons le bord d'une rivière que nous
traversons plusieurs fois, l'éléphant sondant
avec sa trompe pour trouver les passages guéa-
bles. Enfin, à 10 heures, nous arrivons chez le
gouverneur de Siam-Reap, qui nous a fait construire et préparer des paillotes pour nous
donner l'hospitalité; c'est notre premier cam-

pement. Nous devons d'abord y coucher, mais il est décidé à l'unanimité qu'on se mettra en route pour les ruines d'Angkor à 4 heures ; nous déjeunons avec le Gouverneur siamois qui nous invite et, après la sieste, nous allons lui faire visite. Je suis portée en palanquin avec un parasol qu'on tient au-dessus de moi. Tous les honneurs ! L'aller va bien, mais, au retour, je tombe sans me faire aucun mal ; jolie culbute. La visite, très intéressante ; installation siamoise, nous sommes reçus par les épouses qui nous font des questions indiscrètes sur l'âge, etc., etc. Une seule femme principale, affreuse, des enfants gentils en riches costumes, les petites danseuses (à tout faire), femmes du deuxième rang, bien faites et jolies pour des Asiatiques. Conversation peu intéressante, au moyen de l'interprète. Musiques variées, siamoises, cambodgiennes et birmanes ; puis des danses et des chants.

« A 4 heures, regrimpés sur les éléphants, nous traversons une forêt écrasante de splendeurs. Enfin nous voici arrivés au but de notre voyage ; les ruines d'Angkor immenses, mais pas de grandeur. Mais il y a de splendides détails. Demain matin nous ferons une visite plus complète.

« Nous avons une paillote pour nous tous,

vrai campement de bohémiens ; je suis très gaie,
je m'amuse tant !

« Des feux de bengale sont allumés sur la
plate-forme d'un vieil escalier et dans les ruines
d'un temple voisin ; le campement de nos éléphants se trouve éclairé d'une façon fantastique.

« Nous sommes tous à moitié morts de fatigue et, à 10 heures, nous allons nous coucher.
Ah ! j'oubliais à l'arrivée la descente pittoresque
que je fais de ma monture sur un lion de pierre
qui garde le sanctuaire antique Proh Pride. »

Dimanche, 4 janvier.

« Je loge dans une petite case au milieu du
dortoir général. On n'a pas de secrets les uns
pour les autres, et, quoique bien fatiguée, mon
sommeil a été troublé par des ronflements
sonores. D'où diable peuvent-ils venir ? La
couche est dure et je ne dors guère.

« A 7 heures nous allons dans le temple immense, dont nous visitons tous les détails. Ce
sont des temples intercalés les uns dans les
autres, de jolis et curieux détails de sculpture,
représentant surtout des danseuses dans le
même costume qu'elles ont encore aujourd'hui.
Les modes ne changent pas en Asie ; dans ce
pays de soleil, tout semble immuable.

« Il y a des bas-reliefs partout.

« Ce sont des combats d'hommes et d'animaux, toute la légende du Ramayana, la grande époque bouddhiste.

« On a ôté les lits du campement et nous déjeunons, qui assis par terre, qui sur des caisses ; nous sommes tous de joyeuse humeur et de bel appétit.

« Après la sieste, départ en chars à bœufs, chacun le sien. Nous traversons cette forêt magique et nous visitons ou plutôt nous escaladons les restes du Palais aux 42 tours ; c'est très beau et du même style que le temple. Les escaliers sont difficiles ; grâce à mon conducteur et malgré mes petits talons, je ne me démolis pas. Les arbres ont poussé pêle-mêle, à travers les ruines ; on en voit de penchés tout en haut des tours.

« Nous rentrons dîner au campement et après l'illumination des ruines on va se coucher de bonne heure. »

Lundi, 5 janvier.

« Tous ces hommes sont des paresseux, il faut que ce soit moi qui fasse le branle-bas pour les arracher à leurs couchettes. Départ en chars à bœufs, encore des ruines, longues conversations sans bruit; cela ne manque pas de charme.

« Statue colossale du « Roi Lépreux », et ruines du « Palais aux 42 tours » que nous avons visité hier, que nous apercevons dans le lointain. Nous faisons une marche forcée; malgré la fatigue, tout cela m'amuse et m'intéresse. Nous rentrons une dernière fois à Angkor. Après la sieste, emballage du campement, regrimpage à éléphant, le mien se comporte bien; grâce à un matelas et à un oreiller, je suis très à l'aise. Nous revenons à notre première étape chez le Vice-Roi d'Angkor, qui nous fait grande réception. Dîner assez bon, mais trop d'oignons. La musique remplace avec avantage la conversation. Le gosse de sept ans se tient gravement debout derrière la table et fume tout le temps un cigare plus gros que lui. Ce que boit le roi est impossible à dire, il est tout rond. Il me fait la confidence pendant la danse siamoise que toutes ses danseuses, environ une trentaine, sont grosses de trois à quatre mois, de ses œuvres bien entendu; qui dit danseuses, dit le reste.

« La première épouse, qui chique le bétel et est horrible, doit avoir une sinécure. Elle m'offre un petit flacon que je suis obligée de garder toute la soirée, malgré l'odeur désagréable d'une huile soi-disant parfumée et qui de plus se répand partout. Les danseuses sont bien faites et gracieuses mais manquent de profil. Elles ont des ongles d'argent et de brillants costumes ; danses longues et un peu monotones. C'est tout le temps la même chose. Enfin, à 11 heures et demie, nous nous en allons dans le cortège obligatoire, ainsi composé :

« Le Gouverneur et le Commandant de la marine, dans une victoria antédiluvienne, et moi en palanquin, escortés de torches portées par une suite nombreuse.

« Les autres visiteurs rentrent à pied. Beaucoup de couleur locale. Le Vice-Roi est à pied en nanghouti de soie remplaçant la culotte. Madame sa légitime est vêtue d'un pantalon noir et d'un corsage bleu, traversé en biais par une écharpe jaune. Les femmes portent les cheveux en tête de loup. »

Mardi, 6 janvier.

« Je me lève avec l'aurore, j'ai une affreuse migraine. Départ à 6 heures par éléphant ; on dirait que je n'ai jamais fait autre chose ; retour en jonques et nous déjeunons à bord de la canonnière, qui nous paraît le comble du confortable.

Mercredi, 7 janvier.

« Après une nuit réparatrice, on a fait le branle-bas à 6 heures. Grande émotion ; y a-t-il éléphants ou non ? Il s'agit d'aller voir la reine-mère à Houdon. Enfin nos montures arrivent et nous partons. Le palais est une immense paillote, la Cour est nombreuse et assise par terre ainsi que la reine-mère, toute petite et, malgré cela, d'une grande dignité et de beaucoup d'intelligence. Elle est habillée très simplement : le nanghouti, à l'écharpe blanche (couleur de deuil) ; accroupie sur une natte, les cheveux gris coupés très court. Elle me donne une jolie boîte émaillée, en souvenir de ma visite.

« Nous visitons sa pagode ; devant Bouddha, un étalage digne de la foire à Saint-Cloud.

« Le voyage à éléphant se passe à merveille, nous en prenons l'habitude. Retour à la canonnière pour déjeuner et, deux heures après, nous arrivons à Pnom-Penh.

« Le palais du roi est joli et original ; c'est un mélange de constructions et de paillotes, nous allons bibeloter un brin et nous faisons une promenade dans la voiture du résident.

« En somme, bonne journée, et soirée au clair des étoiles. »

Jeudi, 8 janvier.

« Escalade d'une montagne; d'au moins vingt mètres; on a une jolie vue des fleuves et la ville; au sommet, pagode obligatoire, gardée par des lions fantastiques; des tombeaux qui sont de grandes pyramides pointues et sont immenses; les morts doivent y être à l'aise.

« Après la sieste, nous allons au protectorat recevoir le deuxième roi, l'Aubarail, et enfin, à 4 heures, nous nous rendons au palais voir Sa Majesté Norodom. Il nous fait tout visiter dans les plus grands détails. Nous pénétrons dans le harem; partout des femmes, il y en a trois cent cinquante au moins; les vieilles, hors de service, dans le cadre de réserve, sont occupées à coudre leurs successerisses dans leurs costumes de drap d'or et d'argent, pour le ballet du soir. La favorite, qui est en même temps la première danseuse, a des bijoux splendides. Sa chambre et son cabinet de toilette sont assez élégants et ne manquent pas de confortable. Elle n'a pas l'air bête et me fait dire par l'interprète qu'elle compte se surpasser dans la danse en mon honneur. Elle est très bien faite, mais j'ai beau faire, je ne puis trouver jolies ces femmes aux cheveux coupés ras, dont deux petites calottes et deux papillotes qui tombent devant une oreille de chien. Le costume est sommaire : un nanghouti comme les hommes. C'est une longue pièce d'étoffe plus ou moins lumineuse ; il y en a de fort jolies en soie dont on entoure les reins pour la ramener ensuite entre les jambes pour former une sorte de culotte courte. Comme corsage, une écharpe assez large, en soie légère et voyante mise en sautoir et laissant un sein à découvert.

« Après la visite des femmes, nous rentrons au salon et le roi m'offre une belle bague en brillants et une boîte à bétel en or.

« Nous allons faire une promenade en voiture et je suis obligée, pour aller dîner chez Sa Majesté, de suspendre mon deuil. J'endosse une très jolie jupe bleu pâle, avec un corsage multicolore brodé d'or ; on vient nous chercher en landau avec une escorte à cheval et au son de la *Marseillaise* : Norodom vient nous chercher au bas du perron, jamais je n'oublierai ma stupéfaction en me voyant dans une glace escortée par ce monarque asiatique m'arrivant à peine à l'épaule. Il est très galant pour moi et me fait partager sa gloire, change lui-même ma chaise à table contre la sienne qui seule est en canne dorée. Le dîner à la française n'est pas fameux et trop de bêtes tombent dans les verres et partout.

« Après dîner, nous partons en cortège, musique en tête, pour la salle de danse, Sa Majesté m'installe sur le trône et je ne m'y amuse pas follement ; c'est un peu long et je suis fatiguée. Danses et comédies ; le roi s'amuse beaucoup, les costumes sont splendides.

« Tout le bon peuple assiste à la fête, mais à quatre pattes, par respect, le seul allumeur de quinquets marche sur trois, et tient l'huile dans une main. C'est très drôle et bien couleur locale. Enfin il n'est si bonne fête qui ne doive finir et nous allons nous coucher. »

Vendredi, 9 janvier.

« Avant déjeuner, chasse à la sorcière ; heureusement, nous en découvrons une dont la case est pleine de couleur locale, mais malgré les loques rouges dont elle se couvre et les petites chandelles, elle ne peut rien nous dire.

« A 5 heures, nous allons au Protectorat recevoir Sa Majesté. Il ne pouvait s'en aller. Je crois que décidément j'ai fait sa conquête.

« Après le dîner, nous retournons encore au Protectorat où le Résident donne une fête charmante. Danses de petites filles et danses siamoises genre intime, un homme et une femme, sauts des plus lascifs. Enfin une sorcière qui nous dit que nous sommes plus ou moins aimés : elle a une tête expressive et des convulsions quand elle est inspirée. Nous rentrons à bord et disons un dernier adieu à la capitale du Cambodge. »

Samedi, 10 *janvier.*

« Visite à Chaudoc et à Vinh-Long. »

Dimanche, 11 *janvier* 1880.

« Visite à My-tho, rentrée à Saïgon. »

*
* *

Ainsi ce voyage a duré quatorze jours de surmenage intensif, sans le confort moderne. Cependant, pendant cette période de fatigues excessives et ininterrompues, de fêtes continuelles, nous n'avons pas eu à déplorer un seul cas de maladie sur un effectif d'une trentaine de Blancs, en y comprenant les équipages européens des deux canonnières. L'année suivante, décembre 1880, janvier 1881, deux lords anglais et leurs charmantes jeunes ladies entreprirent le même voyage dans des conditions à peu près identiques.

M. Jacques Siegfried et sa jeune femme firent également l'excursion, mais dans une chaloupe à vapeur à deux couchettes, et avec un seul maître d'hôtel annamite pour le service de la table et l'approvisionnement.

Pas plus que l'année précédente, on ne constata d'indisposition.

Dans ces conditions, on est en droit d'affirmer que le voyage d'Angkor ne présente pas le moindre danger sanitaire.

Si j'étais moins vieux, je demanderais à accompagner le prochain convoi, mais je craindrais d'être un embarras pour la jeunesse; quand on est octogénaire, il faut garder le logis.

Comme la rédaction du guide, le contrat à passer avec les hôteliers, les entrepreneurs de transports, l'installation du logement demanderont plus d'une année, le premier voyage ne pourra avoir lieu avant décembre 1917-janvier 1918.

La victoire aura d'ici là couronné le succès de nos armes.

LE MYRE DE VILERS.

CHOSES DE L'INDOCHINE

CONTEMPORAINE

CHAPITRE PREMIER

UN FIL FRAGILE NOUS RELIE
A NOTRE EMPIRE JAUNE

Parmi les grandes puissances modernes, quelques-unes seulement ont eu une politique mondiale. D'abord celles qui possèdent un vaste empire colonial : l'Angleterre, la France ; puis, à un degré moindre, les États-Unis, l'Allemagne, l'Italie et le Japon ; ces deux derniers, plutôt par leur expansion économique et maritime que par l'importance de leurs possessions d'outre-mer. La Russie, enfin, bloc exclusivement continental, mais à laquelle son étendue même impose également une politique que l'on peut aussi qualifier de mondiale. Les autres peuples, même des nations coloniales comme la Hollande et le Portugal, constituent dans cet ordre d'idées des facteurs non négligeables, assurément, mais de second plan.

En fait, la Grande-Bretagne est la seule nation qui, entre toutes et de tout temps depuis le début de l'évolution moderne, ait eu sans solution de continuité une politique embrassant avec simultanéité et cohésion l'ensemble de ses intérêts dans l'univers.

Nous, nous donnâmes longtemps l'exemple de cette sagesse et de cette prévoyance ; mais avec une inégalité funeste. Notre action fut, tantôt combative, active et triomphante ; tantôt effacée, au point d'inexister pendant de longues périodes de revers ou de recueillement ; nettement agissante à l'époque, récente, où Jules Ferry provoqua l'œuvre d'expansion française à l'admirable épanouissement de laquelle a assisté notre génération : sans, du reste, en comprendre toujours la grandeur ni la portée, il faut bien l'avouer.

Les autres grandes nations coloniales, nouvelles venues, se sont implantées, ont organisé la défense de leurs intérêts mondiaux, un peu comme elles l'ont pu, au hasard des aubaines et des contrées vacantes. Leurs éléments coloniaux décèlent l'improvisation ; ils sont, par égard à la métropole, « en l'air », comme on dit en termes militaires : même en ce qui concerne le bloc russe, trop démesuré pour ne pas souffrir d'un défaut de cohésion, mais exception faite pour le Japon, dont l'expansion s'est produite dans un rayonnement étroit autour du noyau national.

*
* *

L'ancienneté de la politique mondiale anglaise, sa continuité de vues, servies par une ténacité et un défaut de vains scrupules en faveur du but, et dont nos voisins ont donné tant d'exemples au cours de leur histoire, leur ont créé sur la surface du globe une prépondérance qu'il faut bien reconnaître et faire connaître, puisque ce fait est étroitement solidaire de notre propre existence comme puissance coloniale.

On sait ce qu'est la *Red Line*. Les Anglais y attachent surtout un sens économique, voire touristique.

Mais ils ont créé, tout autour de la terre, une *Red Line* autrement redoutable : celle de leurs points stratégiques, de leurs stations, complétée par un réseau formidable de câbles qui met entre leurs mains les communications interocéaniques. Partout où passe une route maritime, où gît une des clés des mers, ils se sont installés par la précipitation, la ruse ou la force ; puis consolidés avec une énergie singulière. Ils ont agi avec une sûreté, une précision, un bonheur, auxquels il faut rendre hommage puisque les résultats sont là, évidents.

CENSURÉ

Avant Suez, ils commandaient déjà l'accès des Indes et de l'Extrême-Orient, par le Cap. En attendant Panama, où leur situation prépondérante dans les Antilles leur assure une position privilégiée, ils surveillaient la route de Magellan, par les Falkland. A proximité du cap Horn, ils ont même occupé, surcroît de précaution, l'îlot insignifiant de Staatenland. De Hong-Kong, devenu un port militaire formidable, en même temps qu'il est la première métropole maritime du monde par le tonnage, et de Waï-Heï-Waï, ils observent les mers de Chine. Je ne cite que pour mémoire leur situation acquise aux Indes, au Canada, au Sud africain, en Océanie. Si les États-Unis ne s'étaient affranchis, la terre serait presque anglaise ; anglo-française, sans Jeanne d'Arc, ont émis certains auteurs, non ennemis de la témérité dans l'appréciation.

*
* *

Mais il n'est point de domaine dans lequel cette préoccupation du jalonnement des voies maritimes par l'Union-Jack éclate avec plus de force que dans le commandement des accès de l'Europe vers l'Orient et l'Extrême-Orient tout entier. Ici, la Grande-Bretagne a soigneusement, étroitement occupé la route. Au pied de ses forteresses, au feu de ses phares, les marines de toutes les nations défilent, tributaires, presque vassales de la puissance anglaise : de cette puissance qui éclate aux yeux de quiconque parcourt le monde sans être aveuglé par un parti pris d'anglophobie; comme elle émane, aussi, d'un formidable ensemble militaire, naval, ethnographique, économique et dont la faiblesse de certains organes partiels ne saurait contredire la réalité.

Port-Saïd est issue du Canal et le Canal est demeuré d'exploitation française. Sur la jetée d'accès vers la mer, la statue de notre grand de Lesseps se dresse, attestant le génie de notre race. Mais, non loin, se voit un vaste bâtiment, surmonté du pavillon militaire anglais, blanc, croisé de rouge, emblème tranché de la prise de possession.

Tout au bout de la mer Rouge, l'horizon se barre de côtes élevées. L'issue semble fermée. Une dernière île étrangle le passage. Il faut, pour pénétrer dans le golfe d'Aden, longer sa côte, passer sous ses canons, suivre son balisage ou ses feux. C'est Périm, point anglais, encore; roc dénudé où tout, jusqu'au moindre végétal, doit être amené; mais pourvu de ce qui peut prêter appui à une flotte. Et, comme si Périm ne suffisait pas, les îles Kamaran, au Nord, Muschal, au Sud, complètent le système.

Ensuite, Aden, plus puissamment outillé que Perim, fait du golfe une dépendance britannique ; et à la pointe Ouest de l'Afrique, en face du cap Gardafui, toujours dénué d'éclairage par le fait du non-vouloir italien, la grande île de Sokotra, nouvellement passée sous le protectorat anglais.

Quelques jours de navigation et l'on défile entre les Maldives et les Laquedives en vue de Minicoy, où s'élève un phare anglais, qu'il faut venir reconnaître, pour poursuivre. Puis, Colombo : port anglais ; jonction des lignes d'Australie et d'Extrême-Orient et qui dépendent de ce point pour leurs approvisionnements, leur charbon.

Atchin, extrémité Ouest de la possession hollandaise de Sumatra, sert à l'atterrissage à l'entrée du détroit de Malacca. Mais de l'autre bord, au Nord, l'île Camorse est anglaise ; sans doute pour le principe. Anglaise la côte méridionale de la péninsule de Malacca, ou tout au moins échelonnée de possessions et de protectorats britanniques, aboutissant, presque sans solution de continuité, jusqu'à l'extrémité Sud : Iles Pulo-Pinang, Pr. Wales, territoires de Tulu-Saggar, Malacca, Johore ; et enfin, Singapore, centre considérable, maritime, commercial, industriel, et même métallurgique, où vient se condenser le mouvement descendant de l'Asie, ascendant de l'Europe, de l'Océanie, des Philippines, de Bornéo, des Iles de la Sonde ; sentinelle stratégique en même temps, comme suspendue à l'extrémité Sud-Est de l'Ancien Continent et maîtresse de l'accès vers le Monde Jaune.

*
* *

Aussi, quelle étrange sensation d'isolement, de vide, allais-je dire, n'éprouve pas le Français réfléchi qui, parti de France, se rend dans notre empire indo-chinois! Sauf Djibouti, partout, il n'a vu que des rameaux de l'empire britannique et flotter l'Union-Jack, entendu parler anglais. Anglais!

CENSURÉ

Car les intérêts formidables que nous avons en Asie orientale valent seulement par la sûreté de leurs relations avec la métropole, comme par la sécurité de notre marine militaire et commerciale.

Or, — est-il besoin d'insister pour le démontrer? — un navire français gagnant l'Extrême-Orient est livré entièrement au bon vouloir des autorités, des commerçants anglais. Au delà de Port-Saïd, où une firme française possède un important dépôt de charbon, de Djibouti jusqu'en Indochine, ce navire ne pourra plus se ravitailler d'eau, de combustibles, de vivres, ni se réparer qu'en territoire étranger; et, ce qui est plus grave malgré nos relations étroites avec le

Royaume-Uni, en les eaux d'une seule et même puissance.

Il n'est point question ici d'envisager le cas de guerre aujourd'hui hors de question par le fait même de nos alliances; mais combien d'autres éventualités peuvent se produire, susceptibles de rendre la situation de notre marine assurant le contact entre la France et son empire asiatique singulièrement précaire. Un simple conflit économique est à même d'entraîner à un moment donné les plus sérieuses conséquences. N'a-t-on pas eu, en ces dernières années, maints exemples de boycottages de nation à nation, émanant de l'initiative privée, de luttes pacifiques mais redoutables, où des intérêts commerciaux seuls étaient en jeu?

Supposez un événement de cette nature, très possible même entre peuples amis puisque les conflits d'intérêts surgissent bien entre concitoyens : qu'adviendrait-il de notre Indochine?

**
* *

Pour n'avoir pas prévu, pour avoir négligé l'occupation d'un certain nombre de points alors libres, échéant à qui les prendrait, tel Cheik-Saïd, les gouvernements qui se sont succédé depuis le commencement du dix-neuvième siècle jusqu'à notre récente renaissance coloniale, ont

certes encouru une lourde responsabilité, souli-
gnée davantage encore par l'activité de nos rivaux
dans cette voie, si essentielle.

Le mal est fait; la récrimination serait oiseuse.
Mais, ce mal, est-il définitif? Pouvons-nous
encore instaurer, sur cette longue route constamment sillonnée par notre pavillon, quelques
points où nos navires trouveraient en territoire
national les éléments nécessaires à leur existence, des moyens de réparation, de secours?

Grave et complexe problème, en vérité, dont
le seul énoncé traduit l'étendue. Un tel objectif
sera-t-il à jamais écarté de nos préoccupations?
Est-il impossible le moment venu, peut-être
moins éloigné qu'on le croit, d'entamer avec le
Colonial Office une conversation ayant pour
objectif d'installer, au Sud de Ceylan et en Insulinde, une station française, en prenant pour
base, comme certains l'ont proposé, telles rétro-
cessions dans l'Inde Continentale ou ailleurs?
Poser la question n'est pas la résoudre, je le sais
bien.

L'enjeu vaut au moins un examen.

CHAPITRE II

DJIBOUTI, L'ESCALE FRANÇAISE SUR LA ROUTE DE L'INDOCHINE (1)

Dans la moiteur ouatée du matin, des montagnes s'accusent en grisaille, à tribord ; elles forment un angle proéminent s'infléchissant vers l'Est, et s'abaissent pour s'étager en une succession de plans s'étendant au loin. Nous nous dirigeons sur le centre de l'angle, entre quelques hauts-fonds bien perceptibles.

S'étendant en demi-cercle sur la rive d'une rade très abritée, superbe port naturel, Djibouti se montre, depuis les docks à charbon que signalent des grues à vapeur, jusqu'à une grande distance le long de l'anse où elle est construite.

Du large, l'aspect de la ville est symétrique et assez plaisant. Sur un petit promontoire un peu proéminent s'élève le palais du gouvernement, qu'entoure un jardin, unique note verdoyante se détachant sur la côte.

(1) Djibouti étant la seule escale française entre la France et l'Indochine, une place en cet ouvrage était donc tout naturellement désignée à notre « Afrique Orientale ».

On dut longtemps, dit-on, se contenter de palmiers en zinc pour garnir les abords du palais, les arbres en feuilles et en bois se refusant obstinément à pousser, de ce sol aride.

La longue ligne des toits rouges ou blancs des constructions européennes atteste dès aujourd'hui l'importance de notre implantation dans cette région.

Notre paquebot, l'*Amazone,* mouille assez loin de terre. Déjà l'animation s'est faite autour du bord : comme on s'empresse au débarcadère d'une gare auprès d'un ami attendu.

Un bon vieux remorqueur tire consciencieusement sur un chapelet de gros chalands charbonniers où sont entassés les débardeurs, aussi noirs que leur charbon. Quelques embarcations officielles, très-au-point, plusieurs vedettes automobiles vont et viennent. L'une d'elles, une grosse « mouche », assure un service public avec la terre et fera peu à peu disparaître les bateliers indigènes, nombreux encore, qui, moyennant une faible rémunération fixe, vous conduisent dans leurs barques longues, élégantes de forme et grossièrement construites : le progrès tue tout ce qui n'est pas « lui ».

Par amour du pittoresque, c'est pourtant une de ces barques que nous prenons et, au chant des bateliers somalis, nous traversons la rade.

Plusieurs navires sont mouillés : un steamer anglais, le *Falcon,* qui fait la navette entre Aden

et Djibouti. Une firme locale d'armemeut possède, sur la même ligne, deux vapeurs : le *Bin-
ger*, en réserve, et le *Tadjoura*. Ce dernier constitue par ses superstructures, et, paraît-il, par la
disposition de ses aménagements, un type excellent de navire pour la navigation sous ces lati-
tudes. Le mouvement entre Aden et Djibouti
est, d'ailleurs, important. Plus loin, une vieille
coque est ancrée dans un coin, comme en péni-
tence : c'est le *Pingouin*, une de ces canonnières
à peu près impropres à tous les services, et que
notre Amirauté s'obstina si longtemps à entretenir dans les stations lointaines, pour le plus
grand préjudice des disponibilités de personnel
et de matériel. Aujourd'hui, le *Pingouin* sert, à
l'occasion, de lazaret flottant.

Nous gagnons une longue jetée, près de laquelle
sont amarrés ces boutres, aux formes archaïques,
aux peintures variées et criardes, non dénués
d'harmonie cependant, et qui représentent de
nos jours ce que fut l'antique navigation : celle
d'Énée, comme celle des Wikings.

Nous longeons la jetée pour gagner le fond du
port, vaste, bordé de quais droits. Une forte
odeur d'iode, d'algues et de marée s'exhale.
Je m'aperçois qu'elle vient d'énormes tas rectangulaires de matériaux déposés sur la jetée, et
que l'on charge dans de bizarres charrettes indigènes, attelées de chameaux ou d'ânes. Ces matériaux, ce sont des madrépores. On les pêche, on

les amène ici, et on les emploie à la construction des maisons de pierre et des routes : usages auxquels leur extrême dureté les rend précieux.

C'est l'unique cas, je crois bien, d'une telle et si originale application.

*
* *

Le premier embarqué à bord avait été un agent indigène de police sous la garde duquel s'étaient effectués, en ordre et sans cris, les mouvements de va-et-vient des embarcations. En haut de l'escalier de débarquement, à terre, un autre agent indigène se tient, près d'un receveur entre les mains duquel se verse le prix du passage, et surveille une rangée de voitures : vieux sapins, réformés d'Aden ou d'ailleurs, attelés de pauvres petits bicots dont la peau empêche les os de s'en aller; ces équipages conduits par des Indigènes improvisés cochers, mais des sapins tout de même : et numérotés, encore!... A Djibouti! Nous en choisissons un, au hasard, parce que le Somali qui le conduit a l'air d'un vieux brave homme. Le policier s'approche, de lui-même, son petit stick à la main; il soupèse de l'œil nos corpulences, et, dans le meilleur français :

« Prenez une autre voiture, nous dit-il. Celle-ci est en mauvais état et il pourrait vous arriver quelque chose. »

Nous changeons donc de véhicule, sur ce prudent conseil. Toujours empressé, l'agent dit à notre cocher de nous montrer, avant de partir, son tarif, proprement écrit à la main sur un carnet spécial, nous salue, et va s'occuper d'autres arrivants.

Enfoncée, la police anglaise : les imposants policemen de Londres et les superbes Siks de l'Inde et de l'Extrême-Orient! Enfoncés eux-mêmes, nos bons sergots parisiens. Et quand nos édiles, auxquels les missions gratuites ne passent pas pour déplaire, seront en quête d'un objectif nouveau, qu'ils songent à Djibouti pour y venir étudier le modèle du parfait agent de police.

*
* *

Au trot de nos deux pauvres petits bidets, que notre cocher actionne d'une mèche inoffensive en ficelle, — modèle de fouet que je signale à la bonne Ligue pour la Protection du Cheval, — nous contournons le palais du gouvernement et nous engageons dans une large rue bordée de quelques grandes bâtisses européennes et de factoreries. Sur une vaste place, flanquée d'une fontaine et d'une enceinte couverte « pour mettre chameaux », me baragouine le cocher, c'est le marché. Tout à fait curieux. Et fort différent du « déjà vu » nulle part ailleurs : des Somalis, grands, osseux, les traits fins sous leur peau

brune, les longs cheveux à peine crépus, séparés
par une raie « à l'artiste » ; nombre d'entre eux
ont leur chevelure décolorée en blond-roux, au
moyen de la chaux, ce qui leur donne une apparence de « Minstrel's », rendue plus comique
encore par leur air imperturbable ; des femmes,
au costume rappelant un peu celui des Tuni-
siennes du Sud ; quelques Arabes d'Arabie, certains reconnaissables à leur barbe en collier et à
leurs moustaches rasées. Près de là, un groupe
d'Hindous, brun verdâtre, pansus, bien mis de
choses voyantes, les yeux trop noirs, devisent. Un
peu partout, couchés, ou clopinant étroitement
entravés de l'avant, des chameaux et des ânes,
aussi efflanqués que leurs maîtres. Tout cela
calme et presque silencieux ; fort en émoi, toutefois, à la vue de notre objectif, dont le jeu suscite
la susceptibilité des musulmans. Quelques femmes
se sauvent, d'autres invectivent ; les hommes
s'écartent, muets, mais visiblement fâchés. Nous
n'insistons pas. Il ne faut jamais froisser l'Indigène dans ses croyances.

J'examine ce qui se débite à ce marché. Ce
qui y domine, ce sont des piles d'un bois gros
comme le poignet, long de deux ou trois
mètres, et très tors. J'aurai tout à l'heure l'expli-
cation de l'abondance de cette singulière mar-
chandise en parcourant la ville indigène la plus
bizarre qui soit : Imaginez-vous une série de
pâtés de maisons rectangulaires, à un étage, et

disposées par « cuadres », comme dans les cités neuves de l'Amérique. Les rues sont d'une extraordinaire propreté, évidemment imposée par l'administration : pas une ordure, pas un détritus. Et le peu qu'il y en a est vite dévoré par quelques chiens faméliques et par une sorte de gros aigles jaunâtres, si familiers qu'ils ne s'envolent même pas à notre approche. Mais chacune de ces maisons est construite, de la base au faîte, en... chiffons cousus, où dominent les vieilles toiles à sacs, et auxquels les bois noueux vus tout à l'heure servent d'armature. Quelques-unes sont passées à la chaux. C'est là dedans que tout ce monde naît, vit et meurt. Le Djibouti indigène passe pour sain, cependant, grâce au bienfaisant, au brûlant soleil, qui assainit tout.

L'effet de l'ensemble de toutes ces masures constituées de loques assemblées et dont l'agglomération forme une ville, est extraordinaire, risible et pittoresque tout à la fois, dans la symétrie de ses alignements « à la Haussmann » au petit pied. On cherche, dois-je ajouter, à développer chez les Autochtones le goût de la construction en pierre en les rendant propriétaires des terrains où ils en édifient.

*
* *

Notre équipage, sans banalité lui aussi, roule sur une route en bon état, à l'entretien de laquelle travaillent des Indigènes. De chaque côté, de pauvres baliveaux, qui m'ont paru appartenir à l'espèce dite « arbre à manches », si recherchée des botanistes en quête de raretés, s'appliquent à obéir à l'Administration, en essayant de pousser.

Nous allons au Jardin Botanique, la curiosité de Djibouti : c'est un vaste espace où l'adduction d'eau a permis de faire surgir artificiellement du sol revêche une végétation : des palmiers, quelques grenadiers, des graminées provenant de germes semés dans des cuvettes de sables irrigués. Cet effort, pour obtenir quand même un peu de végétation de ce pays calciné, n'est-il pas caractéristique de notre sens de la colonisation? Caractéristique comme l'est, plus loin, de l'autre côté de la voie ferrée que nous traversons, une vaste plantation de palmiers, encore nains, mais entourée sur chacun de ses côtés d'une rangée d'arbustes déjà hauts, grâce à l'eau courante qui baigne leur pied. Un des traits du colon français est que, partout où il s'implante, il apporte avec lui l'arbre, la fleur et le fruit. Le Français, ou plus justement certains Français, gardent la coupable déforestation pour chez eux.

*
* *

La route, toujours bien tenue, revient par un long détour vers la mer. Nous traversons de nouveau la voie, où, détail dédié aux techniciens, les rails sont peints en blanc. Nous remarquons la belle apparence de l'hôpital et le quartier de la troupe indigène, dont l'effectif, composé mi-partie d'Arabes, mi-partie de Somalis, forme une grosse compagnie de 200 à 250 hommes, commandés par des cadres de l'infanterie coloniale. L'uniforme des hommes, grands, beaux et nerveux, rappelle, avec leur haute chéchia à gland bleu ciel, leur veste courte, leur ample culotte et leurs jambières blanches, celui des tirailleurs sénégalais. Voilà une « troupe noire » sans doute assez peu connue dans la métropole.

*
* *

Nous sommes de nouveau dans la ville ; nous dépassons une place dont le plus bel ornement est une poste où se débitent des timbres fort recherchés, d'ailleurs originaux, et dont la vente constitue sans doute un bon revenu pour la colonie, en raison du nombre de philatélistes qui peuplent le monde. Puis, c'est un Hôtel Continental, — excusez du peu — et sa terrasse où le tout-*Amazone*, descendu à terre, jette une note d'animation, d'élégance et de gaîté.

Il faut avoir vécu de la vie coloniale, avoir vu nos ports lointains, pour savoir ce qu'y représente d'attente et de plaisir l'arrivée d'un paquebot.

Une réception au gouvernement, où le plus aimable accueil nous est fait par le gouverneur Pascal et par Mme Pascal, nous donne l'occasion d'une de ces réunions où nous retrouvons la cordialité charmante dont les Français d'outre-mer ont le secret.

*
* *

Et maintenant, je vais au-devant d'une question que je pressens chez la plupart de mes lecteurs : « Qu'avons-nous été faire en ce pays que je ne vous ai pas présenté comme un Eden ; et que pouvons-nous attendre de notre établissement en Somalie? »

Voici : La Somalie se résume, pour nous, à Djibouti, dont l'assez vaste hinterland est seulement, en quelque sorte, l'accessoire obligé. Et Djibouti est l'exutoire de l'Abyssinie. En nous implantant là, nous nous sommes faits les intermédiaires entre l'Empire des Négus et le monde extérieur. Notre voie ferrée se dirige vers Addis-Ababa, où elle portera la prépondérance de notre influence. Déjà 413 kilomètres étaient alors construits et exploités, sur 1 200 environ qui séparent notre port de la capitale abyssine.

Djibouti n'est pas que cela : il est aussi le concurrent économique d'Aden en même temps que le seul point de ravitaillement en territoire national, sur la route de Madagascar et de l'Extrême-Orient. Aussi Djibouti, dont la population compte déjà 13 000 âmes, dont 600 Européens, voit-il son développement s'accuser avec une rapidité pleine de promesses. Aujourd'hui c'est là, et non plus à Aden ainsi que cela se passait précédemment, que s'arrêtent tous nos longs-courriers, à l'exception des escales, maintenant clairsemées, de quelques services.

Dans le beau port naturel de notre nouvelle possession, en cette rade splendide et abritée où 43 navires russes tinrent à l'aise lors de la guerre russo-japonaise, le mouvement annuel atteint maintenant 70 millions de francs. Aucun droit n'y frappe la navigation. L'année précédente, à l'entrée seule, 379 navires y avaient touché, représentant 692 188 tonneaux ; 78 242 tonnes ont été débarquées. A la sortie, même nombre de navires, même somme de tonnage et 42 880 tonnes de fret.

Le total atteint un mouvement d'affaires de 78 millions. Ces chiffres additionnés, entrées et sorties réunies, sont ceux de tel de nos grands ports de France. Djibouti, coin perdu de la côte d'Afrique où, il y a quelques lustres seulement, végétait une misérable agglomération de quelques Indigènes, en la brousse inutile et hostile, sera un jour le pendant de Dakar et constituera — il constitue déjà — sur la côte orientale de l'Afrique un centre de rayonnement français dans cette partie du monde.

Fait à mettre en relief : la colonie ne coûte pas à la métropole. Elle a une réserve de 2 millions, alors que l'Erythrée, voisine, et d'ailleurs supplantée au point de vue économique par Djibouti, demande à l'Italie un sacrifice annuel de 6 à 7 millions.

Les fonds marins sont hauts dans toute la partie de la rade adjacente à la ville ; ils se découvrent au loin, à mer basse, bien que les eaux y marnent seulement de deux mètres. Des travaux de port sont prévus. La colonie était prête à les exécuter sur ses ressources ; et c'est la métropole qui poussait à l'emprunt : il y a là un fait assez peu banal en matière coloniale.

La première était même menacée par la seconde d'une mission de techniciens officiels. Puisse cette épreuve avoir été épargnée à la vaillante colonie !

De même notre Quai d'Orsay, où règnent la haute conception de la défense de nos intérêts, la fermeté vis-à-vis de nos compétiteurs du dehors et le sens pratique que l'on sait, s'était mis en tête, à l'adroite instigation de certains de nos rivaux du dehors, d'obtenir contre la colonie l'interdiction du commerce, voire du transit des armes, lequel contribue ici pour une part importante à l'activité générale.

Or chaque fois que nous nous mettrons sur le

pied de nous interdire à nous-mêmes telles ou telles affaires déplaisant à nos concurrents ou les gênant, il n'y aura plus de garantie pour les initiatives privées allant s'établir dans nos territoires d'outre-mer. Là où nous sommes les maîtres, nous avons le droit de commercer comme bon nous semble. Il faut avoir une mentalité exagérément bureaucratique pour ne pas répudier cer taines doctrines.

Le jour où les armes ne transiteraient plus par Djibouti, les Italiens les feront passer par Massaouah, les Anglais par Port-Soudan. Et nos intérêts auront été sacrifiés une fois de plus à d'astucieuses convenances internationales, comme il leur advient trop souvent lorsque ce sont nos conciliants diplomates qui sont chargés de les défendre.

Djibouti souffre d'un mal bizarre, phénomène invraisemblable en ce pays où les espaces sont immenses et la périphérie urbaine sans grande valeur. Il ne peut plus s'agrandir !

La cause de cette situation est curieuse : un M. Ochs, bailleur de fonds de la première entreprise du chemin de fer, avait acheté, tout autour de Djibouti, des terrains considérables. Et, soit dépit, soit tout autre sentiment, il se refuse à les aliéner, comme à les utiliser; ce qui est d'ailleurs son droit. Mais, pour le présent, Djibouti étouffe. Cela s'arrangera; presque tout s'arrange. La situation actuelle n'en est pas moins curieuse; préjudiciable aussi.

*
* *

Comment, par qui est né ce nouveau rameau de notre expansion extérieure, vieux à peine de quelques lustres, — ses débuts remontent seulement à 1888, — cet élément de la plus grande France dont les Français ignorent naturellement, pour la plupart, la genèse et le statut actuel?

Deux hommes, dont il faut que le nom soit retenu en France, ont été les artisans de l'œuvre : les gouverneurs Lagarde et Pascal.

Le premier comprit la non-valeur d'Obock, intenable cul-de-sac sans avenir, où nous nous étions installés avec l'unique objectif d'être fixés quelque part, n'importe où, en face d'Aden et de Périm. Il décida, non pas d'évacuer ce point, car nous y entretenons toujours une petite garnison indigène qui garde le télégraphe, mais de transporter ailleurs le siège de notre action. C'est lui qui, avec un rare bonheur, fit choix de Djibouti, connu seulement alors grâce à quelques relations établies là depuis 1862 par quelques firmes françaises; lui encore qui enleva à notre profit, contre nos compétiteurs et mille difficultés, la concession du railway, instrument économique et politique de la plus haute valeur et dont on connaîtra seulement la portée lorsque l'objectif aura enfin été atteint. L'entreprise a subi de nombreuses et profondes vicissitudes. Les capacités et le passé des personnalités entre les mains desquelles est actuellement sa destinée sont un sûr garant du succès définitif.

Le gouverneur Lagarde n'eut pas que des amis. Il fut fort discuté. J'ignore si cela fut justifié. L'œuvre est là, qui a mis définitivement la personnalité de son protagoniste au-dessus de la polémique.

M. Lagarde avait créé Djibouti; le gouverneur Pascal l'a organisé et amené à son développement actuel. A ce labeur, M. Pascal a consacré neuf années de sa vie. Sa modestie me reprochera-t-elle de dévoiler que, par sa volonté seule dédaigneuse d'offres qui à bien d'autres que lui fussent apparues tentantes, il a tenu à poursuivre pendant neuf ans son effort, à donner son énergie et son activité au parachèvement de l'œuvre?

* * *

Un dernier mot sur la situation respective des trois puissances intéressées, dans ces régions.

L'Italie a, jusqu'ici, retiré surtout des charges et des sacrifices de sa colonie d'Érythrée, payée pourtant de bien des revers

. Un avenir de quelque intérêt ne semble guère s'ouvrir devant elle en ces parages, pas plus qu'en la partie du continent africain où, vers Gardafui, elle a étendu un protectorat purement nominal et vraisemblablement destiné à le demeurer.

L'Italie semble bien avoir satisfait, dans cette partie de l'Afrique, à des sentiments d'une mégalomanie dont elle se paie les frais comme on s'offre un luxe. C'est son affaire, et non la nôtre.

Les Anglais tiennent la clé de la mer Rouge méridionale par les deux points également importants mentionnés au chapitre précédent : l'ile de Périm et Aden, second Gibraltar sur la route des Indes. Périm : une meurtrière placée en enfilade sur le Bab-el-Mandeb. Aden : une forteresse braquée sur le golfe, une porte ouverte sur l'Arabie, en vue d'éventualités imprécises encore, incertaines, mais possibles, et que la diplomatie britannique, avertie, prévoyante, énergique, dotée d'esprit de suite — l'énumération de ces qualités n'est pas forcément une critique à l'adresse de la nôtre — n'aurait garde de négliger.

Nous, enfin, dont je viens d'essayer de définir la situation actuelle et le rôle.

Ce rôle eût pu être autre. Il tint jadis à nous seuls d'être les maîtres du Bab-el-Mandeb par l'occupation de Cheik-Saïd, dont un traité passé avec le chef de ce pays nous assurait la possession. Nous ne sûmes pas profiter des circonstances et nous installer là à temps. Il faut le regretter. Ces regrets doivent-ils aller jusqu'à croire au succès de la très patriotique campagne menée avec beaucoup de vigueur dans la presse métropolitaine sous l'impulsion de M. Albert Corbie, en faveur de l'occupation de ce point important?

Ce n'est certes pas moi, partisan fervent de notre politique d'expansion, qui désavouerai cette campagne. Est-il, par contre, possible de croire à sa sanction? Cela est une autre question. D'abord, notre diplomatie fera son possible pour éviter de « marcher », car son aversion pour les affaires nouvelles est un dogme chez elle. Puis, le voudrions-nous, il n'est pas en notre pouvoir de faire de Cheik-Saïd la place forte rêvée par quelques-uns. L'Angleterre, dont une telle initiative annihilerait Périm que commande Cheik-Saïd, s'y opposera absolument; et les conditions actuelles de la politique européenne nous interdisent de passer outre à son *veto*. Puis, nous n'avons ni le moyen ni la possibilité de consacrer une fraction de notre. armement et de nos forces à l'organisation en ce lieu d'une forteresse, condamnée en cas d'hostilités à l'isolement, tant par l'infériorité relative de nos forces navales que par le fait de la possession du Canal entre les mains de l'Égypte : donc de la Grande-Bretagne, aux yeux de laquelle la neutralité de la « porte des mondes » pèserait peu le jour où les intérêts de l'empire britannique seraient en jeu. On l'a si bien compris en France que l'on n'a même pas songé à faire une station navale de Djibouti, admirablement défendu naturellement cependant et qui, de la rive africaine, commande lui aussi le Bab-el-Mandeb. Nous n'y avons plus entretenu une unité, depuis que l'*Inconstant,* dont ce fut l'unique et d'ailleurs glorieuse carrière puisqu'il participa au raid sur Bangkok, y stationna un certain temps à son retour de l'Extrême-Orient.

S'il en va de notre établissement à Cheik-Saïd envisagé comme centre économique possible, c'est une autre affaire.

Mais nos droits sur ce territoire semblent ici hors de conteste, et constituent un argument solide en faveur de notre action. Toutefois, on doit se le dire aussi, notre effort

et les résultats obtenus à Djibouti relèguent do-
rénavant tout projet concernant Cheik-Saïd à un
plan fort secondaire puisque nos visées en Arabie
sont destinées à demeurer nulles.

Pour me résumer, nous avons intérêt à ne pas
laisser périmer nos droits sur Cheik-Saïd, si nous
pouvons le faire ; mais l'opération ne semble pas
comporter, pour les raisons préexposées, l'importance ni la portée qu'on lui attache dans certains milieux.

*
* *

Notre Afrique Orientale est bordée, on le sait,
par l'Erythrée italienne au Nord et la Somalie
anglaise, à l'Est. Ni Rome, ni Londres n'ont vu
favorablement au début notre colonie prendre
rapidement un développement dont la progression portait à leurs yeux, et non peut-être sans
quelque apparence de raison, atteinte à celui des
possessions voisines. Le chemin de fer Djibouti-
Addis-Ababa faisait de Djibouti le port de l'Abyssinie ou, pour mieux dire, de l'Éthiopie ; le mot
« Abyssinie », déformation de l'arabe *Habesch,*
impliquant le mépris, n'est nullement accepté
dans le pays ; le fait nous créait dans ces régions
une situation de premier plan, en même temps
que le rôle des ports, italien, de Massaouah, et
anglais, de Souakim, était en partie annihilé, et

ce, vraisemblablement, de façon définitive. Or, de même que les Italiens ont démontré jadis, et payé cher cette démonstration, combien les choses d'Abyssinie les intéressent, les Anglais, de leur côté, n'ont jamais négligé cette partie de l'Afrique, depuis le jour où leurs armes y intervinrent en 1868. Notre propre succès, qui au point de vue britannique se doublait de la concurrence sérieuse et ascendante faite à Aden par Djibouti, n'a donc pas été considéré par nos voisins avec satisfaction. Sans doute est-ce à cette cause que l'on doit attribuer en partie le retard, jusqu'en mai 1913, de la signature du contrat autorisant la Compagnie française à atteindre Addis-Ababa, après que le rail s'était arrêté longtemps non loin de notre frontière, située à 80 kilomètres de la côte.

Le railway sera achevé dans deux ans, assurait-on lors de mon passage. Ainsi doit se trouver parfaite une œuvre française de longue haleine, hérissée de difficultés de toutes sortes : politiques, naturelles, financières, économiques ; elle figurera parmi celles faisant le plus d'honneur à notre pays. Les hommes d'action, énergiques et avisés, qui auront mené à bien cette considérable entreprise, comptent parmi ceux ayant hautement mérité de la Métropole.

*
* *

Ce chemin de fer sera-t-il une bonne affaire, au même titre qu'il constitue un succès national? Tout permet de l'espérer et même de le prédire. Si notre Somalie, un peu pompeusement dénommée officiellement : Afrique Orientale française, est en elle-même un facteur économique médiocre; si elle est peu peuplée, par une race dont le degré de civilisation se décèle en la pratique bizarre de l'infibulation; si le pays est une contrée de faible productivité, encore mal connu au surplus, et où notre occupation effective se borne à la voie ferrée, par contre le Harrar est une région riche, habitée, et capable de fournir à l'exportation un élément important de mouvement. Quant à l'Éthiopie proprement dite, avec sa population, non exactement déterminée mais à coup sûr considérable, elle constitue un gros marché dont les Anglais connaissent bien la valeur, et le prouvent par les efforts qu'ils font en vue de détourner tout ce qu'ils peuvent du trafic abyssin par leur voie à eux : par le Nil, où ils ont établi des tarifs de concurrence aussi bas que cela leur a été possible.

*
* *

La voie ferrée de Djibouti-Addis-Ababa offre au point de vue du tourisme cynégétique tro-

pical un intérêt certain, en ce qu'elle ouvre
au chasseur indépendant et surtout à la clientèle internationale des grandes firmes spécialisées
dans l'exploitation commerciale de la cynégétique tropicale, de vastes et riches régions jusqu'alors assez peu accessibles et où la faune présente ses plus beaux spécimens, depuis le lion et
l'éléphant jusqu'au rhinocéros et à la girafe.

A ce mouvement également, notre Afrique
Orientale ne peut que gagner.

*
* *

Un mot, incidemment, au sujet de notre représentation en Abyssinie :

Nous entretenons à Addis-Ababa un chargé
d'affaires qui coûte au budget 80 000 francs par
an. Il fut, jadis, quelque peu question de réunir
en un seul poste ceux de chargé d'affaires en
Éthiopie et de gouverneur de la Côte française
des Somalis, avec résidence alternative à Addis-
Ababa et à Djibouti. Le rôle de notre port dans
la vie extérieure de l'Éthiopie, notre situation
dans ce pays, notre chemin de fer, donnaient à
un tel projet une portée certaine. Loin de mon
esprit, certes, de penser qu'à une telle conception
il n'est pas d'objections. Il en est à tout. Mais
l'important serait de savoir si le principe lui-
même est faux.

Au moins est-il permis de poser la question.
Il apparaît, en tout cas, au premier abord,
qu'une semblable mesure serait aussi avanta-
geuse au budget qu'à l'unité de direction de
nos affaires dans cette partie du monde. Il s'agi-
rait seulement de percer une porte dans la cloison qui sépare le Département du quai d'Orsay
de celui de la rue Oudinot. Mais la cloison est
épàisse et la matière est dure...

*
* *

La Côte française des Somalis n'est que partiellement occupée, disais-je ; elle pourrait l'être
mieux, sans grand effort, en recourant seulement
aux simples ressources de la troupe chargée de la
garde de notre colonie.

Et l'on aurait dû depuis longtemps, suivant
l'opinion que j'ai entendu unanimement énoncer
là-bas, commencer par l'occupation effective de
Tadjourah.

Tadjourah est une grosse agglomération indigène, située à une cinquantaine de kilomètres à
l'Est de Djibouti. Avec une bonne chaloupe, on
se rend de Djibouti à Tadjourah en deux heures
environ. Malgré cette proximité, l'importance du
lieu aux divers points de vue de la contrebande
des armes, du défaut de surveillance de la traite
et de la certitude que notre installation là n'of-

frira aucune difficulté ni ne rencontrera de résistance, on avait hésité jusqu'à ce jour à suivre, en ce qui concerne Tadjourah, la judicieuse politique que ne cessa de conseiller le gouverneur Pascal.

Son successeur sera parvenu, comme il est souhaitable, à solutionner au mieux cette question, si importante pour la colonie.

*
* *

Dans l'élégante baleinière du gouvernement, nous traversons la rade sous un soleil de feu, à la remorque d'une grosse vedette automobile. Nous voici de nouveau à bord, distraits par la vue d'une bande d'Indigènes, plongeant le long du navire, sans souci des requins, à la poursuite des menues pièces que lancent dans l'eau les passagers. Les citernes, vidées dans le flanc de l'*Amazone* par leurs pompes à vapeur, sont enfin épuisées. Le paquebot a complété son équipe de chauffeurs arabes et somalis. Le vieux remorqueur s'éloigne, traînant son chapelet de chalands-charbonniers, où grouillent les diables noirs, leur besogne finie. L'ancre est « haute et claire ». Les hélices tournent. Quand elles s'arrêteront, nous serons dans l'Inde, à Ceylan, en un monde autre, sans transition, sans nous être même doutés du chemin parcouru, ce qui est un des charmes si puissants de la navigation.

Puis, ce sera Singapore; et enfin l'Indochine : le but.

CHAPITRE III

SAÏGON, POINT D'APPUI DE LA FLOTTE

On a si souvent parlé de l'Appui de la Flotte constitué par Saïgon et son arsenal, que j'eusse eu scrupule à ne point visiter cet établissement. Non pas que mon opinion ne fût faite depuis beaux jours sur les Points d'Appui : cette théorie était encore défendable à l'époque déjà éloignée où les dirigeants de la rue Royale avaient engagé notre marine dans la voie de l'abandon des unités de haut bord, remplacées par un essaim de petits navires; elle est anéantie aujourd'hui par l'évolution en laquelle nous avons été entraînés malgré nous à la suite de nos rivaux, mais longtemps après eux, laissant de la sorte ceux-ci prendre sur nous une avance qui a abouti à nous reléguer à un rang inférieur à celui que nous eussions dû conserver. La France aura payé cher dans le domaine maritime, qui n'a pas eu de cela le monopole, les théories de quelques esprits à systèmes. Et non moins celle des Points d'Appui, dont le prototype fut Diégo-Suarez, où plus de 20 millions ont été engloutis en travaux inachevés, donc inutilisables pour la défense navale.

Dakar est, comme Fort-de-France, sans valeur en tant que Point d'Appui. Cette assertion a trouvé sa confirmation matérielle dans le fait que ce port put seulement recevoir deux sur quatre des navires, pourtant très moyens, composant l'escadre Auvert, se rendant en Argentine. Dakar a, toutefois, « payé » parce que, s'il n'a pas gagné en efficacité militaire, son port commercial a pris un admirable développement économique et est en passe de devenir une grande métropole maritime.

*
*   *

Il parut donc tout indiqué, à l'époque où florissait la théorie des Points d'Appui, d'en établir un en Indochine. On choisit alors Saïgon; on fortifia le front

, ce qui a l'avantage évident de défendre la capitale de notre empire asiatique contre les insultes d'une flotte ennemie... laquelle ne passerait d'ailleurs pas davantage si les bras navigables du Delta étaient seulement rendus impraticables par les moyens couramment employés partout à cet effet quand les circonstances l'exigent.

Et l'on a pourvu Saïgon d'un arsenal

A voir le nombre de plantons installés à la porte et veillant sur l'entrée du lieu : tirailleurs, matelots et gardiens dotés d'un uniforme spécial à revers verts, je crus d'abord que j'allais pénétrer d'extraordinaires secrets. Point. Cet arsenal est un établissement assez vaste et fort bien tenu, égayé par le mur rose qui l'entoure. N'étaient les inscriptions réglementaires placées aux frontons des bâtiments, on se croirait dans une quelconque usine exotique, où les chefs et contremaîtres seraient des Blancs et les ouvriers des Jaunes.

Le travail ne paraît pas abonder, en maints ateliers ; et l'on comprend assez que la direction ait cherché un aliment dans les travaux extérieurs, aux véhémentes, et d'ailleurs justifiées en principe, protestations des industriels saïgonnais lésés.

La question, convient-il d'ajouter, changerait tout à fait d'aspect si, à un moment donné, il était recouru à la solution indiquée plus loin.

*
* *

Une charrette va, poussée par douze matelots sous la surveillance d'un quartier-maître. La charrette est vide. Les hommes marchent bien à l'allure de trente pas à la minute.

Un instant, j'ai l'illusion d'être en France,

dans un de nos bons arsenaux métropolitains...
en temps de paix, s'entend.

Ce n'est qu'en passant devant un atelier où des
Annamites vont et viennent, affairés, que je
reviens à la réalité du moment.

*
* *

CENSURÉ

*Ici je démontrais la nécessité de ne charger de re-
présenter nos couleurs au loin que des navires faisant honneur à notre pavillon.*

CENSURÉ

Là, j'appréciais au point de vue technique le rôle
du Point d'Appui de Saïgon.

CENSURÉ

*
* *

C'est un impérieux devoir d'examiner les choses
en face et de les exposer, sans recourir à des

trompe-l'œil comme celui qui a consisté à faire figurer, pendant des années, le vieux cuirassé *Redoutable* pourrissant sous sa paillote en rivière de Saïgon, sur la liste des unités actives de la flotte : dans l'état actuel de la politique mondiale et des puissances navales, c'est dans les eaux métropolitaines que se jouera le sort des nations sur mer : les batailles au loin entre divisions isolées, tels les combats de Coronel et des Falkland n'infirment en rien ce principe général. Chaque métropole a donc intérêt à posséder directement sous la main le maximum possible de ses forces navales, pour en porter le poids tout entier sur tel point du monde où ses intérêts sont menacés, son honneur engagé. Tout ce qui ne concourt pas à ce but supérieur a pour effet de distraire de la puissance navale effective autant de matériel, de capitaux, d'hommes que ces forces éparpillées de par les océans et ces organismes coloniaux en représentent.

Partant de ces données, ou les Points d'Appui doivent être en mesure de recevoir et « d'appuyer » efficacement une grande flotte moderne : ou bien leur appellatif comme leur principe sont vides de sens.

Il n'est alors besoin d'être ni un stratège ni un

spécialiste, mais simplement de se baser sur quelque jugement pour démontrer la valeur du système de la concentration ; dès avant la guerre, il s'est imposé à nous ; étant donnés les multiples objectifs offerts à notre attention et la limite de nos possibilités, il continuera à prévaloir dans l'avenir, on peut en être certain. Nous sommes ainsi logiquement conduits à la réduction de nos flottilles coloniales en vue d'un simple rôle de police ; il nous faut les renforcer, à cet effet, de canonnières puissamment armées, du type *Styx* par exemple, modernisé et aménagé en vue du climat, type pour lequel on avait trouvé en ce pays une excellente utilisation, après un voyage Toulon-Saïgon qui fut d'ailleurs une prouesse nautique.

Modifié et approprié, ce modèle de canonnière avec sa grosse pièce serait, en effet, parfait pour remplir, grâce à son faible tirant d'eau, une fonction efficace dans les grands arroyos de la colonie. Au demeurant, le *Styx* répond ici à un autre objet, non négligeable sans doute aux yeux de certains : Tout le personnel de la marine, en fonctions à terre, figure sur son rôle ; ainsi la navigation de ce personnel continue de courir. Le *Styx* a au moins sur le *Marigot*, petit rafiot de service qui répond au même objet à Dakar, d'être, lui, un navire de guerre. Un peu honoraire, il est vrai ; mais enfin, un navire de guerre.

Malheureusement, ces unités âgées, usées, sont

en fait condamnées ; or nous ne possédons aucun modèle susceptible de les remplacer et, par une singulière omission, le programme naval établi avant la guerre n'en prévoyait pas. Ce sera là une lacune à combler. Nous devrons par contre nous résoudre à la suppression de tous ces navires, gouffres à matériel et à équipages, incapables, en cas d'hostilités avec une grande puissance navale, de faire autre chose que de se mettre dans nos eaux hors de la portée de l'ennemi ou de chercher refuge dans un port neutre, pour échapper à la destruction.

Il nous faudra enfin, je le redis, procéder dans l'avenir à l'organisation régulière des grandes croisières, composées d'unités modernes et puissantes ; croisières destinées à montrer non seulement notre pavillon sous un jour digne de notre puissance navale, mais, au point de vue économique, notre construction.

Par l'adaptation d'un tel ensemble de mesures, les intérêts de notre marine, ceux du Trésor, ceux de notre industrie, ceux, en un mot, de la France, seront bien servis.

*
* *

Que conclure de l'arsenal de Saïgon,

qui　　　　　　　n'a pas absorbé, depuis sa création, moins d'une cinquantaine de millions?

Alors, une solution apparaît : ce serait la reprise par telle grande firme métallurgique française, englobant, si cela est réalisable, les établissements locaux en un consortium qui, exploitant industriellement l'établissement, trouverait dans les besoins de la colonie, où la flottille commerciale est en majorité cliente de Hong-Kong, dans l'entretien des unités militaires, du matériel administratif, dans la réparation des navires de passage et l'expansion industrielle du pays : usines rizières, usines caoutchoutières, matériel minier, matériel de chemin de fer, un champ d'action de première importance, encore au début de son épanouissement futur et largement, sûrement rémunérateur par la suite.

*
* *

Si le maintien de cet arsenal constitue une erreur manifeste, sinon initiale du moins pré-

sente, qu'est cela auprès du « loup », sans expli-
cation basée sur l'intérêt général, dont la fortifi-
cation   offre l'exemple?

Saïgon, Point d'Appui, comportait comme
corollaire, a-t-on estimé,

forteresse. L'œuvre s'est
poursuivie jusqu'à présent. Le renoncement,
logique, de l'entretien d'une force navale dans la
rivière de Saïgon entraîne-t-il la condamnation
du système de défense

J'essaierai ici encore de répondre à cela, non
en spécialiste, que je ne suis pas, mais avec le
simple bon sens et l'ensemble des informations
recueillies au cours de mon voyage.

Les travaux exécutés

qui ont été poursuivis d'ailleurs avec
une activité fort louable en elle-même si le
principe était admissible, coûtent, m'a-t-on informé, — je donne le chiffre tel, à ce jour —
à la France et à sa colonie, une centaine de millions. Cent millions! Quand tant d'œuvres de caractère pressant : le transindochinois, les routes,
l'irrigation, demeurent et demeureront longtemps, faute de fonds, à compléter, à parfaire!
Cent millions dont on pourrait encore, à la rigueur, accepter la charge, quelque lourde soit-
elle, si elle avait pour effet la sécurité assurée à
la colonie : en un mot si cette forteresse
devait procurer, non pas à l'Indo-

chine, demeurée ouverte au Centre et au Nord, mais à la seule Cochinchine, la protection sûre contre une attaque extérieure.

CENSURÉ

*
* *

CENSURÉ

De telles erreurs de conception confondent, en
vérité. Il faut qu'elles soient connues et désapprouvées en France, comme elles le sont en Indochine par tous les esprits désintéressés et avertis.
Désapprouvées : non pour le passé, qui malheureusement est acquis. Mais pour l'avenir.

L'argent est pour un pays un outil de force : donc une chose sacrée. Son tribut est infiniment lourd à qui le paie : citoyens français ou sujets coloniaux. Nul n'a le droit de le gaspiller par utopie ou par entêtement, en quelque point du monde que flottent nos couleurs : de Diégo-Suarez à Dakar et à Fort-de-France, Points d'Appui jadis, eux aussi ; abandonnés maintenant, devant l'évidente logique des faits.

Quels bienfaits, encore une fois, n'eût pas tirés notre Indochine, de ces 100 millions dissipés sans effet utile, employés à son développement économique !

Au surplus, l'observation résultant du gros travail accompli ne s'arrête pas au domaine financier. Elle doit être aussi bien appliquée aux effectifs affectés à toute destination n'ayant pas pour effet de concourir efficacement à la défense d'un territoire français ou à notre implantation dans telle partie du monde soumise à notre domination : considération d'autant plus sérieuse en l'espèce que si le séjour passe pour rien moins que salubre, je le rappelle, la garnison européenne stationnée en ce point ne laisse pas d'être importante,

Une grosse immobilisation de fonds, l'affectation à un poste déterminé d'un certain appoint de troupes doivent seulement trouver leur justification dans l'efficacité du résultat éventuel.

Or, le seul rôle apparent
est de défendre, non pas la colonie,

mais le Point d'Appui de la Flotte.

C'est donc l'arsenal de Saïgon, base de notre escadre d'Extrême-Orient, que l'armée de terre, dans les attributions de laquelle était la chose, a visé à compléter par des défenses extérieures susceptibles d'arrêter un ennemi éventuel. Il y a là une conception manifestement erronée, ai-je cherché à démontrer. Cette affirmation mérite une réserve, car le raisonnement était intrinsèquement logique à l'époque où il a été conçu, alors que dominait l'école des multiples unités légères. Mais il est devenu faux par l'évolution du matériel naval de guerre et se trouve condamné avec la disparition progressive et fatalement définitive d'une grosse force navale permanente dans la colonie. Si bien que, en fait, l'erreur consiste aujourd'hui à augmenter l'importance militaire   alors que celle du Point d'Appui avec lequel ces travaux font corps est condamnée à demeurer stationnaire, sinon à diminuer. Il eût fallu savoir s'arrêter à temps. C'est le contraire que l'on a fait. La faute est évidente.

On pourra répondre — car en rien l'argument ne fait jamais défaut — que Saïgon fût-il réduit à néant comme port militaire, il importe cependant de posséder en Indochine au moins une forteresse puissante, capable d'arrêter une attaque extérieure.

Une telle assertion serait admissible si le but qu'elle indique pouvait être atteint. Mais, de quelque côté qu'on l'examine, elle est sans valeur puisque, par des moyens simples et connus,

*
* *

Pour poser le sujet sur son véritable terrain, la seule formule concrète à énoncer est la suivante :

« Tel qu'il est, l'arsenal de Saïgon est-il en mesure de répondre aux besoins d'une flotte moderne que les nécessités de notre politique amènerait, prête à combattre, en Extrême-Orient ? »

A cette époque, l'établissement rendit de précieux services à notre flotte, alors composée d'unités qui aujourd'hui passeraient pour dénuées de valeur militaire. Personne ne pouvait prévoir l'évolution, extraordinaire d'intensité et de rapidité, qui allait transformer dans l'espace de quelques lustres les cuirassés d'hier, de 6 000 à 8 000 tonneaux, en léviathans gigantesques de 30 000 tonneaux.

Et si l'on songea à faire de Saïgon un Point d'Appui au moment où l'on en était à la théorie de la guerre de course et de l'opposition d'un essaim de petites unités aux escadres ennemies de haut bord, le temps et le sens commun ont depuis fait définitivement justice de ces conceptions.

L'appellation « arsenal » appliquée à l'établissement saïgonnais est elle-même impropre : c'est, en réalité, un atelier de réparations, destiné à subvenir aux besoins des quelques unités que nous entretenons encore en Extrême-Orient, et des navires de guerre de passage ;

que nous envoyons effectuer dans ces mers des croisières destinées à y montrer nos couleurs ou à protéger, le plus souvent sur la demande de nos consuls, nos nationaux lorsqu'il est besoin.

l'établissement rend de réels services.   présents
lors de mon séjour, le   qui venait d'arriver, eussent été d'autant plus embarrassés sans lui que l'état dans lequel les avaient expédiés au loin les arsenaux métropolitains, chez lesquels cet errement est une méthode, ne correspondait pas précisément à celui de « mise au point » d'un navire destiné à effectuer une longue navigation.

Seulement, comme ces travaux se présentent nécessairement par à-coups, il en résulte que les 1500 ouvriers indigènes, dirigés par une cinquantaine d'Européens, doivent ou donner par instants un effort qui, malgré tout, n'arrive pas toujours à satisfaire aux nécessités du moment ; ou bien, lorsque le port est vide de navires de guerre, être affectés à des besognes les transformant en concurrents directs de l'industrie privée, en sus de l'entretien des bateaux et du matériel assez considérable des Travaux Publics, comprenant la drague *Maria-Lopez* et les vapeurs de service.

CENSURÉ

***

CENSURÉ

Je parlais des forces navales stationnées en Indochine.

CENSURÉ

*
* *

Il nous va donc falloir sitôt après la guerre, ou procéder à la reconstitution de nos forces navales d'Extrême-Orient, ou les supprimer pour les remplacer par une simple escadrille de police locale.

La première hypothèse est peu vraisemblable. Elle comporte, en effet, la nécessité d'entretenir

en Indochine une division importante : c'est-
à-dire capable non seulement de résister victorieusement à toute flotte ennemie menaçant notre
colonie, mais même de prendre l'offensive. Poser
la question c'est y répondre, puisque le nouveau
programme naval correspondait seulement, et
bien juste, aux besoins de la politique métropolitaine en laquelle seule réside la sauvegarde de
notre empire colonial.

On peut, par contre et soit dit incidemment,
exprimer le regret que ce programme n'ait prévu
le remplacement d'aucune de nos petites unités
des divisions lointaines,

Au lieu de pourvoir nos colonies d'une flottille
de police et de station, composée de navires
construits spécialement pour les pays chauds, on
a préféré, suivant la règle, temporiser. Ce défaut de décision va obliger sitôt après la guerre
notre Amirauté à envoyer, — s'il en reste, —
quelques-uns de nos vieux sabots, déjà assez mal
habitables en nos climats, finir leurs jours sous
les Tropiques extrême-orientaux : mesure regrettable à tous égards, tant en raison de son coût,
exorbitant en regard des services que de tels navires peuvent rendre, que par les mauvaises conditions présentées pour une force navale quelconque par une longue présence en rivière de
Saïgon. L'oisiveté prolongée, obligée, plus mau-

vaise conseillère encore sous le ciel des pays chauds qu'ailleurs, y est néfaste aux équipages ; leur état sanitaire s'en ressent, en dépit de la précaution prise là-bas de faire coucher autant que possible les hommes, soit dans un beau casernement construit à cet effet, soit également à terre mais dans des conditions médiocres quand celui-ci est comble ; aussi la morbidité est-elle élevée ; et les pertes qui en résultent, sans profit pour le pays ni l'excuse d'une nécessité, sont ainsi rendues plus douloureuses encore.

Tout donc concourt à condamner le système actuel.

La seule solution réside dans la suppression en temps normal de toute force navale aux colonies autre que les unités de service, de police, les bateaux spéciaux de station lointaine ; avec, comme corollaire, la condensation dans la métropole de tous les éléments constituant notre puissance sur mer : but unique et essentiel et seul moyen pour un grand peuple maritime de porter au moment voulu le maximum de son effort sur tel champ désigné à l'action nationale.

Et l'arsenal de Saïgon, objecteront quelques-uns ? Et tant de millions qu'a coûtés son établissement, sans compter son entretien ?

Devons-nous donc renoncer à tirer parti, pour notre situation en Extrême-Orient, d'un semblable ensemble?

Aussi pénible qu'il soit d'avoir consacré une partie de son bien et de sa peine à un but non atteint, c'est ainsi que les choses se présentent cependant. Ni plus ni moins que pour un industriel obligé d'abandonner une coûteuse installation, parce que celle-ci ne répond plus aux besoins du moment.

L'exploitation privée de l'établissement, telle que je la définissais plus haut, pourvoyant aux besoins de la marine et de l'administration, ainsi que celle des cales par la Chambre de commerce, comme cela se passe partout, se substitueraient au système actuel.

L'État y trouverait son compte. La ville de Saïgon et les intérêts particuliers également. La marine métropolitaine récupérerait du personnel et des fonds si inutilement immobilisés là-bas jusqu'ici. Notre capacité navale en Extrême-Orient ne serait pas diminuée, pour la bonne raison qu'elle y est nulle, comme vous avez pu vous en rendre compte et sans que l'adjectif soit susceptible d'être taxé d'exagération.

CHAPITRE IV

Par une mesure des plus heureuses, l'autonomie vient d'être accordée au port de Saïgon.

Saïgon est, à l'heure actuelle, une des métropoles maritimes de l'Extrême-Orient.

Son développement apparaît comme d'autant plus remarquable qu'il est, dans une certaine mesure, limité par trois causes.

La première est la situation géographique de la capitale cochinchinoise, qui impose aux navires la fréquentant quatre heures au moins de navigation fluviale, par un tracé extrêmement sinueux et des fonds relativement hauts : 7 à 8 mètres, quand les grands navires modernes dépassent couramment 9 mètres. Le tonnage des unités fréquentant Saïgon restera donc limité à des proportions déterminées, alors que la tendance continuera à s'affirmer vers l'augmentation des déplacements.

La seconde réside en ce fait que Saïgon, toujours pour la même raison de situation géographique et privé d'un hinterland fluvial comparable à celui des principaux centres économiques de l'Extrême-Orient tels Hong-Kong ou Shanghaï, demeurera un port régional, et de plus situé en dehors des grands courants maritimes mondiaux dont bénéficient, par exemple, Colombo, Singapore ou Yokohama. Cette observation, qui s'impose d'elle-même, est à souligner cependant en raison des comparaisons défavorables que j'ai maintes fois entendu faire par nos compatriotes ou des étrangers, entre notre grand port indochinois et ceux que je viens de citer.

La troisième, enfin, s'explique par cette raison que la Cochinchine et le Cambodge, dont Saïgon commande en fait l'accès maritime, ont été jusqu'à présent des pays de monoculture presque absolue : le riz demeure le facteur essentiel qui régente le mouvement commercial de notre colonie. L'importance du trafic est donc fonction directe de la récolte.

Pour bien juger de l'importance de l'Indochine comme centre de production rizière, il faut, du bout de Cholen à Saïgon, longer le canal appelé Arroyo Chinois : Sur des kilomètres les gros chalands sont, l'avant à terre, dans la vase, pressés les uns contre les autres. Combien y en a-t-il? Des centaines et des centaines. Les magasins, les piles de sacs de riz s'alignent, sur chaque rive, à perte de vue, coupés çà et là par quelque grosse usine de décorticage.

L'ensemble est laid comme la plus vilaine de nos banlieues industrielles.

On néglige généralement de montrer cela au nouveau venu. C'est pourtant ce qu'il y a de plus curieux et de plus frappant par l'intensité d'activité, de puissance productrice représentées là.

Il ne faut pas visiter le Sud indochinois sans avoir vu ce spectacle vraiment caractéristique de l'activité économique du pays.

Les résultats des données procédant d'une semblable capacité de production ressortent nettement du tableau ci-dessous, que je dois à l'obligeance du commandant du port de Saïgon. On y constate à la fois, et le maintien du mouvement général à un chiffre à peu près constant pendant les derniers exercices, et les fluctuations relatives de ce chiffre correspondant au plus ou moins de prospérité de la culture rizière, suivant les années :

ÉTAT DES MOUVEMENTS DU PORT DE COMMERCE DE SAÏGON DE 1906 A 1912

| | TOUS PAVILLONS | | | |
| | ENTRÉES | | SORTIES | |
Années.	Navires.	Tonnage.	Navires.	Tonnage.
1906........	1 189	1 083 609	1 152	1 080 576
1907........	1 447	1 423 624	1 409	1 421 161
1908........	1 296	1 306 631	1 266	1 319 395
1909........	1 218	1 217 494	1 192	1 210 648
1910........	1 392	1 350 968	1 348	1 337 210
1911........	1 202	1 106 047	1 153	1 094 672
1912 (1)....	634	565 660	602	548 736

(1) Premier semestre.

PAVILLONS FRANÇAIS

Années.	ENTRÉES		SORTIES	
	Navires.	Tonnage.	Navires.	Tonnage.
1906	897	702 625	864	707 017
1907	912	698 285	873	691 383
1908	873	652 615	845	654 821
1909	883	682 404	861	674 760
1910	955	642 950	907	685 082
1911	905	665 697	863	651 433
1912 (1)	451	309 945	427	304 385

MOUVEMENT TOTAL

Années.	TOUS PAVILLONS		PAVILLONS FRANÇAIS	
	Navires.	Tonnage.	Navires.	Tonnage.
1906	2 341	2 164 185	1 761	1 409 642
1907	2 856	2 844 785	1 785	1 789 668
1908	2 562	2 626 026	1 718	1 307 436
1909	2 410	2 428 142	1 744	1 357 164
1910	2 740	2 688 178	1 812	1 328 032
1911	2 355	2 200 719	1 768	1 337 130
1912 (2)	1 236	1 114 396	878	614 330

NOTA : Dans ces chiffres ne figure pas la batellerie locale ; cette statistique est tenue par la douane.

*
* *

Doit-on considérer ces rendements comme absolus et le port de Saïgon est-il condamné à ne pas prendre par la suite un essor plus grand encore?

(1-2) Premier semestre.

Une telle appréciation serait manifestement erronée.

Saïgon comporte, au contraire, maints éléments de développement : les uns immédiats, les autres à l'état de possibilités ultérieures.

Tout d'abord la totalité des terres susceptibles d'être transformées en champs riziers est loin d'être atteinte.

Puis, le régime de monoculture rizière qui constitue actuellement la base économique de la colonie fera progressivement place à celui de multiculture, chacune affectant vraisemblablement de vastes poches embrassant des régions entières.

Déjà, le caoutchouc a été l'objet d'un effort des plus importants, mais dont l'effet ne se fera sentir, il est vrai, qu'en une faible mesure dans le trafic général du port, cette matière chère et de petit volume ne devant jamais représenter qu'un élément secondaire de fret.

Il n'en va pas de même du coton, dont il se pourrait bien que le rôle devînt à brève échéance des plus marquants, si l'on en juge par les résultats déjà acquis dans cette branche, au Cambodge principalement.

En Malaisie et dans les Établissements des Détroits, un boom se préparait, avant la guerre, sur le coprah. Aucune raison n'apparaît pour que notre Indochine ne prenne pas également part à ce fécond mouvement.

La banane enfin, étrangement négligée là-bas

jusqu'à présent, pourrait trouver en Chine et au Japon un immense et fructueux débouché, si son exploitation était conçue chez nous sur les bases et avec l'ampleur auxquelles on doit en Amérique les résultats que l'on sait.

A l'entrée en jeu de chacun de ces « compartiments » dans la production générale de la colonie doit correspondre une expansion proportionnelle du port saïgonnais.

En dernier lieu, il est encore un facteur, non négligeable non plus et qui peut avoir sur le développement de notre métropole navale en Extrême-Orient la plus heureuse, la plus bienfaisante influence : c'est le tourisme. Le jour où, la vie normale rétablie, nous serons parvenus à attirer annuellement en notre admirable colonie l'afflux de touristes dont elle mérite à tant d'égards la venue, là encore, le port de Saïgon verra, comme d'ailleurs d'autres centres maritimes de l'Indochine, un élément de prospérité dont il serait souhaitable que chacun, dans la métropole comme dans la colonie, comprît l'importance.

On trouvera d'ailleurs par la suite cette question du tourisme traitée spécialement.

* *
*

Un fait demeure et domine.

Notre génie colonisateur, ce génie nié par cer-

tains Français d'un parti pris que leur ignorance
n'excuse point, a créé à l'autre bout de l'Ancien
Continent un admirable centre de rayonnement
national, d'activité maritime, dont nous avons
le droit d'être fiers comme nous avons le devoir
d'en être reconnaissants aux générations de coloniaux qui en ont été les bons ouvriers.

On dit quelquefois d'un pays que son économie
navale est le thermomètre de sa vitalité, de sa
valeur. Les résultats obtenus à Saïgon constituent
une confirmation frappante et singulièrement
réconfortante de cet aphorisme.

CHAPITRE V

J'ai parlé du parallèle qu'on établit trop volontiers entre Singapore et Saïgon, avec l'ordinaire arrière-pensée de faire une comparaison au profit du premier et au détriment du second, entre deux organismes coloniaux cependant fort dissemblables. C'est ce qui m'a incité, afin de mettre toutes choses au point, à faire figurer dans cet ouvrage une courte notice sur le grand port britannique de la Péninsule malaise.

En outre, Singapore est la porte de notre Indochine. Il n'en est que plus indiqué de présenter quelques données sur le mouvement général de la métropole maritime que la Grande-Bretagne a su créer au confluent des routes de l'Insulinde, de l'Australie, des Philippines et de l'Extrême-Orient. Je suis redevable des renseignements qui suivent aux bons offices de notre consulat à Singapore. Ils ne constituent pas, au sens propre du mot, une documentation complète. Mais ils offrent cependant un

"

aperçu général intéressant pour la part que nous prenons dans ce mouvement.

*
* *

Voici les données statistiques du tonnage des navires pendant le dernier exercice :

Ce tonnage s'est élevé à 7 737 785 tonneaux à l'entrée et 7 717 691 à la sortie ; soit un total de 15 455 476 tonneaux, se décomposant ainsi par pavillon : anglais, 8 112 187 tonneaux ; allemands, 1 956 445 ; hollandais, 1 955 626 ; japonais, 1 181 294 ; français, 638 111.

Le pavillon anglais tient de beaucoup la tête et, comme on le voit, le pavillon français occupe seulement le cinquième rang dans le total de la navigation générale de Singapore. Il faut noter que ces chiffres ne se repèrent pas au nombre des navires entrés et sortis et ne se rapportent qu'à leur tonnage. Les statistiques mentionnent uniquement les navires marchands à l'exclusion des bateaux de guerre ou de plaisance.

On éprouvera sans doute quelque surprise de l'écart considérable qui nous sépare, dans cette énumération, des Allemands et des Hollandais. Cela tient, en ce qui concerne les Allemands, à ce qu'ils ont organisé sur toute la côte de l'Extrême-Orient, jusqu'au Petchili, et occasionnellement jusqu'à Vladivostok, un service de cabotage extrêmement actif. Ces bateaux, dont j'eus l'occasion de voir à différentes reprises des échantillons le long de la côte de notre Indochine, étaient progressivement arrivés à faire à notre pavillon une concurrence d'autant plus active que nous ne possédons aucun service sans transbordement entre Changhaï-Hong-Kong-Haïfong-Tourane-Saïgon, Singapore.

Une telle ligne serait des plus utiles, au point de vue de nos intérêts nationaux dans cette partie du monde, surtout si elle était prolongée sur Batavia, que l'annexe des Messageries Maritimes a cessé de desservir depuis quelque temps. L'importance de relations directes entre ces différents points mérite de retenir l'attention des Pouvoirs publics français, si, en dépit des résultats obtenus par nos concurrents, notre armement estime cette entreprise d'une rémunération trop incertaine pour être tentée sans intervention étatiste.

Les Allemands s'étaient, en outre, et par un bien singulier abandon des Anglais en ces contrées d'influence britannique, attribué le service Singapore-Rangoon, sur lequel ils avaient mis de bons paquebots rapides. Toutefois, et contrairement à ce qui se passait pour leurs autres organisations maritimes, ils perdaient de l'argent sur cette ligne, considérée par eux comme comportant un intérêt « impérial », et, à ce titre, soutenue par leur gouvernement, toujours si énergiquement soucieux de ce qui touche à l'expansion mondiale de l'Allemagne.

Quant aux Hollandais, Singapore est pour eux l'escale obligée sur Java, Bornéo, Sumatra et les Célèbes. Java représente, quoique la plus petite géographiquement des trois grandes îles néerlandaises, un trafic considérable.

De plus, dans le total du mouvement hollandais figure le cabotage intense qui dessert la multitude d'îles appartenant en ces régions aux Pays-Bas. Ces îles, pour la plupart habitées et cultivées, certaines importantes, s'étendent jusqu'à Singapore dont la baie admirable, et qui offre par son animation et son étendue un spectacle inoubliable, est encadrée par elles.

*
* *

Les Anglais accomplissent en ce moment même un effort gigantesque pour faire de Singapore une place maritime de premier ordre.

Des quais en ciment armé sont substitués aux anciens, en pilotis de bois ; de grandes cales sèches sont creusées ; les ateliers de construction sont augmentés ; une colline qui séparait le port de la ville est rasée.

Nos voisins et amis savent que rien ne se fait avec rien ; j'ignore si, avant d'agir, ils procèdent à autant d'enquêtes, s'ils élaborent autant de rapports que nous. Je suis sûr, par contre, que, une fois les enquêtes terminées et les rapports discutés, les choses ne traînent pas : par oui ou par non. Mais la solution intervient, ce qui est l'essentiel.

* * *

Notre rang dans le trafic du grand port des Détroits est honorable, si l'on considère que nous n'y sommes guère représentés que par deux compagnies : les Messageries Maritimes et les Chargeurs Réunis. Il gagnera par la suite, avec les nouvelles grosses unités dont ces deux puissantes firmes avaient commencé à mettre la série en service avant la guerre.

Il sera beaucoup plus considérable encore si nous nous décidons à créer enfin, grâce à des initiatives basées sur un statut libéral, la marine coloniale qu'il est humiliant que nous ne possédions pas, avec un magnifique et immense empire d'outre-mer tel que le nôtre.

Je m'arrête, sans y toucher, au bord d'un sujet si complexe car il m'entraînerait loin des limites que je me suis assignées ici.

CHAPITRE VI

L'ÉCOLE PRATIQUE DES MÉCANICIENS ASIATIQUES DE SAÏGON

Un fort louable ensemble d'efforts a été accompli en Indochine dans le but de faire coopérer les éléments indigènes à l'action économique en les différentes branches de ses manifestations. Des écoles spéciales ont été fondées. La céramique, la fonderie d'art, le tissage, la broderie, les arts décoratifs ont été, entre autres, l'objet d'initiatives des plus heureuses dans cet ordre d'idées.

Les étudier toutes eût entraîné à donner à un tel examen un développement dépassant de beaucoup le cadre de cet ouvrage.

Il m'a donc paru indiqué de prendre comme type un de ces établissements et de lui consacrer une mention spéciale.

L'école pratique des mécaniciens asiatiques de Saïgon a été créée en 1906 par le gouverneur

Rodier. Le but que l'on se proposait était de former pour les besoins de la marine militaire, de l'administration de la colonie, de la marine de commerce et des industries locales, des chefs mécaniciens et des contremaîtres bien familiarisés avec la pratique des machines.

Après M. Rodier, tous les gouverneurs qui se sont succédé, MM. de Lalande-Calan, Bonhoure, Outrey et Gourbeil, se sont efforcés de développer cette institution; il en a été de même du département de la marine, qui a prêté dans ce sens le plus large appui à l'administration locale en lui fournissant un matériel de démonstration très complet : machines, chaudières et appareils divers, que les élèves ont constamment sous les yeux; cela facilite dans une large mesure la compréhension des leçons théoriques faites en classe.

De hautes notabilités maritimes se sont particulièrement intéressées au développement de l'école des mécaniciens de Saïgon : le vice-amiral de Marolles, le contre-amiral Richard Foy, les capitaines de vaisseau Mortenol, Kerguistel, Bousicaux entre autres.

L'école a pris, depuis sa création, un développement remarquable. A l'origine, l'enseignement de la machine à vapeur avait seul été prévu; mais en 1910 une nouvelle section d'électricité pratique et de technique automobile fut créée et donna d'excellents résultats. De nouvelles sections étaient en projet.

*\
* *

Les élèves, à leur arrivée à l'école, doivent être âgés de seize ans ; avant leur admission, ils sont tenus de subir un examen sur la connaissance du français et du travail manuel des métaux. A titre exceptionnel, les candidats provenant des écoles professionnelles de la Cochinchine sont dispensés de cet examen.

La durée des études est de trois ans : deux ans pour la machine à vapeur, un an pour l'électricité pratique et la technique des moteurs à explosions.

Le programme d'instruction comprend : l'apprentissage complet des travaux manuels d'atelier que comportent les réparations courantes et l'entretien des machines, chaudières, moteurs, etc.; des leçons théoriques faites en classe d'après un programme analogue à celui des écoles des mécaniciens de la marine militaire, et portant sur toutes les branches de l'enseignement technique professé à ces écoles ; des démontages et des travaux pratiques avec les appareils de démonstration qui sont mis à cet effet à la disposition des élèves ; enfin une série d'exercices de fonctionnement et de manœuvre en marche normale. Ces derniers exercices ont lieu à bord des chaloupes

à vapeur et à pétrole, vedettes, canots, appartenant à l'administration locale, et dans les diverses
installations mécaniques où se trouvent des moteurs à explosions, des appareils électriques ou
autres pouvant faire l'objet d'explications techniques sur place.

L'enseignement comporte en outre un cours
complet de dessin industriel : croquis coté, au
crayon à main levée, dessin à l'encre, plume et
tire-ligne, d'après croquis.

A expiration de chaque année, les élèves subis-
sent un examen sur les matières qui leur ont été
enseignées, en vue d'être classés en deuxième
ou en première division, ou d'obtenir le certificat
de fin d'études.

Ces examens sont passés par le conseil de perfectionnement de l'école, qui a qualité pour faire
au terme de la session toutes propositions utiles
en vue d'améliorer la valeur des élèves. La composition du conseil de perfectionnement est la
suivante :

Un administrateur de première classe, président ;

Un officier supérieur de la marine, délégué du
commandant de la marine en Indochine ;

Un membre du conseil colonial, délégué de la
Chambre de commerce de Saïgon ;

L'officier mécanicien directeur de l'école ;

Un officier mécanicien de la division navale de
l'Indochine ;

Un premier-maître mécanicien et un maître mécanicien de la division navale sont adjoints au conseil de perfectionnement pour la surveillance des examens.

A leur sortie de l'école, les élèves qui ont satisfait aux examens de fin d'instruction sont admis en aussi grand nombre que possible à accomplir à bord des bâtiments de la division navale une période d'engagement de deux ans en qualité d'ouvriers mécaniciens de première classe.

*
*   *

Depuis la création de l'école, le nombre d'élèves qui ont été admis à faire leur service militaire dans la division navale, c'est-à-dire depuis 1906 jusqu'à 1913, a été d'une centaine. Sur ce nombre, la moitié environ sont rentrés dans la vie civile à l'expiration de leur période d'engagement de deux ans; ils occupent actuellement des emplois de contremaître et de chef mécanicien dans l'industrie locale, aux chemins de fer, à bord des chaloupes de l'administration et des bâtiments de la marine de commerce, etc.

La proportion de ces jeunes gens admis au service peut paraître faible, au premier abord, pour un laps relativement aussi long. Il faut considérer que l'école a commencé par une

période de début marquée de tâtonnements inévitables. Puis, on ne savait pas exactement ce
qu'elle donnerait. On a marché avec une prudence
que les résultats ont par la suite démontrée un
peu excessive ; et les crédits alloués à cette institution ont été parcimonieusement accordés. Ils le
sont encore, en réalité.

*
* *

Lorsque je visitai cet établissement, sous la
conduite de son compétent directeur M. Emma-
nuel Rosel, mécanicien en chef de la marine,
je fus à la fois frappé par la diversité des matières enseignées aux élèves, la bonne tenue
et l'application de ceux-ci ; et je sortis de là nettement convaincu, non seulement de l'utilité
intrinsèque de l'œuvre, mais de sa portée générale.

Elle n'a pas que des admirateurs, est-il besoin
de le dire ? Certains la considèrent comme une
entreprise indigénophile d'une opportunité discutable et dont les « produits », si je puis employer ce terme, ne sont pas d'une qualité absolue.

Rien n'est parfait, encore une fois ; et il se
peut que les résultats de cette initiative ne le
soient pas. Cela ne diminue en rien sa valeur ni
sa portée. Nous avons, en effet, en matière de

colonisation, une double obligation : La première,
qui nous concerne, est d'affecter à nos colonies le
minimum de personnel européen subalterne ; et,
cela, pour la double raison que nous avons chez
nous plutôt pénurie que surabondance de ce personnel ; puis, aux colonies, certaines besognes,
déjà pénibles en France, deviennent difficilement
supportables au Blanc. La seconde, compensation
aux inévitables charges de notre domination, réside dans l'impérieux devoir qui nous incombe de
faire accéder le plus grand nombre possible de
nos sujets aux emplois de toutes sortes, aux salaires avantageux résultant de notre activité sous
toutes ses formes : militaire, économique ou administrative.

Contre ces irréfutables énonciations, aucune
critique ne saurait prévaloir.

J'irai plus loin : l'école pratique des mécaniciens asiatiques de Saïgon est mieux qu'une institution isolée ; elle représente un système embrassant maintes parties de la technique et comportant par là même d'être adapté à chacune de
nos colonies peuplées de races susceptibles de
recevoir une éducation : donc de constituer dans
les diverses branches de l'activité générale, en
Indochine comme ailleurs, le personnel vis-à-vis
duquel l'Européen doit seulement remplir les
fonctions de direction ou de surveillance.

C'est la méthode britannique ; et l'on peut affirmer que, sans elle, jamais les Anglais ne fussent

parvenus à assurer le fonctionnement des multiples rouages, publics et privés, de leur immense empire : voire ceux de leur marine...

Cette méthode, dont l'école pratique des mécaniciens asiatiques de Saïgon est une démonstration concrète, doit devenir une règle chez nous et contribuer ainsi au plein rendement de nos possessions d'outre-mer.

CHAPITRE VII

Un jour, sur la route qui, de Saïgon, mène à Trian, notre auto dépassa plusieurs batteries d'artillerie se rendant au tir, à Thu-Dau-Mot. Les pièces, les hommes, les attelages étaient rouges de la poussière spéciale à ce pays, où la terre est souvent couleur brique : ce qui soulignait davantage encore l'aspect très particulier de cette troupe.

J'essaierai de vous donner une idée de ce qu'est là-bas notre artillerie coloniale, vue en son cadre :

Les attelages sont tirés par de fortes mules. Les officiers et les sous-officiers ont des montures identiques : celles des officiers sont de superbes bêtes, fines et nerveuses. Quelques hommes détachés sont sur ces petits poneys annamites, d'une étonnante résistance. La troupe est mixte, composée d'Européens et d'Indigènes.

Les pièces comportent un conducteur Blanc et trois Annamites. Les caissons, trois conducteurs annamites. Les servants des pièces sont trois

Blancs. Ceux des caissons, un Blanc et deux Annamites.

Les cavaliers annamites ont, certains, les
pieds nus, le pouce passé dans l'étrier. Tous sont
en kaki. Les Blancs ont le casque et les Annamites le salako.

En principe, dans ces régiments, les Annamites
sont seulement des auxiliaires dont aucun n'est
censé connaître le maniement du canon. Il y a
quelque temps cependant, un inspecteur voulut
s'assurer du degré de savoir ou d'instruction des
artilleurs indigènes. Aucun n'ignorait le moindre
détail de la manœuvre des pièces. Doit-on s'en
féliciter, ou regretter?

C'est au corps d'artillerie stationné à Hanoï
qu'eut lieu la tentative d'empoisonnement collec-
tif, qui eut tant de retentissement, il y a peu
d'années.

La tenue générale du corps que nous voyons
là est excellente et bien militaire. « Avec un
régiment comme celui-là, remarque notre compagnon, haut fonctionnaire très averti, je suis
tout à fait sûr de la tranquillité dans ce pays...
Où, d'ailleurs, rien ne la menace, ajoute-t-il
judicieusement. »

Quel ministre de la Guerre, me disais-je, en
voyant ces soldats sur leur terrain, aura l'heureuse idée, empreinte d'un patriotisme pratique,
de faire, quelque prochain 14 juillet, défiler à
Longchamp, devant le peuple de la métropole, un

détachement de chacune de ces troupes : algé-
riennes, noires, malgaches ou indochinoises,
auxquelles la France est redevable dans une large
mesure de son expansion dans le monde? A la
vue de tous ces hommes qui depuis trente ans
versent leur sang sur tous les points du globe
pour la Plus Grande France devenue leur patrie
d'adoption, le cœur de notre peuple vibrera, et
l'on aura fait en faveur de l'idée coloniale une des
plus fécondes démonstrations qui se puissent (1).

Notre armée coloniale est, en effet, infiniment
peu connue de notre pays, qui lui doit tant
cependant. Aussi les brèves données suivantes,
concernant celle de notre Indochine, ne seront-
elles peut-être pas sans quelque intérêt.

Le rôle de l'armée d'Indochine est double; en
théorie du moins : Il consiste tout d'abord à
maintenir la pacification à l'intérieur; et l'on
sait quels excellents résultats ont été depuis très
longtemps déjà obtenus en ce domaine. Il a,
d'autre part, pour objectif éventuel de défendre

(1) Ces lignes, écrites en mai 1913, ont, par une heureuse
coïncidence, reçu le 14 juillet de la même année, à Longchamp,
la splendide consécration que l'on n'a pas oubliée, en dépit des
événements survenus depuis.

notre Empire Jaune contre une attaque venue du dehors.

M. Alfred Guignard a publié en son temps dans la *Grande Revue* une intéressante étude sur la situation politique de l'Indochine au point de vue international. Il donnait à ses chapitres des titres imagés d'une clarté saisissante : *Une Belle proie*, c'est l'Indochine; *le Loup*, c'était le Japonais mais ce serait aussi bien le Chinois qui s'éveille à une renaissance politique et militaire; *l'Agneau*, c'est notre corps d'occupation, bien faible devant la tâche qui peut lui incomber; *le Berger*, ce sera l'Annamite, si nous savons mener avec lui la politique qui convient. Hors l'armée annamite, point de salut.

Et M. Guignard consacrait une partie de son travail à l'examen des projets du général Pennequin, conçus dans le but de constituer dans notre possession asiatique une puissante armée composée d'éléments indigènes. Comme un problème quelconque, et à plus forte raison lorsqu'il est aussi important que celui-ci, peut être seulement envisagé lorsqu'il est présenté sous toutes ses faces, affirmatives ou négatives, il m'a paru opportun de mettre sous les yeux du lecteur les lignes suivantes que M. Alfred Guignard écrivait sur cet objet :

« A M. le général Pennequin, au cours des deux dernières années, commandant supérieur des troupes de l'Indochine, revient l'honneur d'avoir envisagé le péril de la situation et le remède qu'elle comporte. En trois conférences retentissantes faites à ses officiers, devenues rapidement publiques, et qui sont peut-être le plus bel acte de courage et de probité d'une vie qui en est tissée, il développa, en toute conscience, les motifs qui faisaient d'une armée annamite la condition vitale de notre domination en Indochine. Une telle affirmation d'une telle personnalité forçait évidemment la réflexion. A sa haute situation officielle, le général Pennequin joignait en effet cette particularité d'être le spécialiste militaire le plus éminent de l'Indochine. Il y débuta, voici plus de trente-cinq ans. Sa carrière s'y est écoulée presque tout entière. Son nom se retrouve à chaque page de la conquête. Depuis 1888, où, de concert avec M. Pavie, alors consul à Luang-Prabang, il prenait le difficile commandement de Son-La, pays des Thaïs blancs et fief du fameux Dieû van Tri, et les apprivoisait définitivement l'un et les autres en les transformant de voleurs en gendarmes, ses entreprises se comptaient par des réussites. La finesse de l'homme, son sens aigu des psychologies des Indigènes, sa connaissance de leurs mœurs et de leur langue y aidaient heureusement l'habileté du soldat. La méthode coloniale chère aux Galliéni, aux Lyautey, n'eut pas de plus adroit virtuose : Than-Hoa-Dao, Hong-Hoa, Phong-Du, conquêtes spécialement rudes, cédèrent à la conviction d'une supériorité démontrée autant qu'imposée. L'organisation des partisans-frontière, qui fit vraiment des habitants nos alliés contre les Chinois, est un chef-d'œuvre qui n'a jamais failli à sa conception originelle.

« C'est appuyé sur de tels titres que le général Pennequin, devenu devant la France le responsable militaire de sa colonie, prenait en mains l'initiative de l'armée annamite. Il nous faut, disait-il, une force de 170 000 hommes : 50 000 dans le delta cochinchinois, 120 000 au Tonkin. La matière recrutable est aisée à trouver : nous l'avons sous la main. Financièrement, la question n'est pas insoluble non plus. Nous pouvons, en effet, prévoir l'époque prochaine où l'Indochine paiera sa défense. »

Une des caractéristiques de l'organisation militaire actuelle de l'Indochine, soit dit incidemment, est une dualité manifeste démontrée par des incidents et des exemples qu'on n'est plus à compter, entre l'armée proprement dite et la milice indigène, véritable troupe elle-même, échappant à l'autorité militaire. La milice équipée, armement à part, et vêtue comme les tirailleurs, à la couleur des parements près, — rouges pour les tirailleurs, bleus pour les miliciens, —

représente à elle seule, pour toute l'Indochine, un effectif moyen de 8 000 hommes. Cette force, commandée par un cadre spécial, relève exclusivement de l'autorité civile. De là, sinon des conflits, possibles cependant, du moins des grippements, un défaut d'unité d'action, dont souffre fréquemment la bonne marche des choses. Ainsi j'ai entendu attribuer de source très informée l'insuccès de certaines opérations, et en particulier de celles nécessitées par la rébellion du Dê-Tham, bien plus au manque d'entente, affectant parfois un caractère d'antagonisme entre l'armée et la milice, qu'à la valeur propre du célèbre chef de bande tonkinois.

Cette situation aboutit même parfois aux résultats les plus inattendus : telle cette réclamation adressée par l'autorité militaire au Trésor, pour une très grosse somme, près d'un million, du chef d'usure et de perte d'effets au cours d'une opération... demandée par l'autorité civile.

Le système préconisé par le général Pennequin et qui avait pour double objectif de faire disparaître cette dualité tout en procurant à notre grande colonie un important instrument militaire, était assurément séduisant. Il péchait cependant par plusieurs côtés essentiels ; et il est douteux que les successeurs du général le fassent jamais leur. Un des arguments les plus décisifs auxquels il se heurte est qu'une armée de 170 000 Annamites, même solidement encadrés, constituerait pour le budget une charge énorme sans assurer cependant la protection de l'Indochine contre une agression émanant d'une grande puissance militaire et maritime.

Le gros effort envisagé par le général Pennequin ne correspondrait donc pas pour nous à l'assurance de pouvoir compter sur l'armée d'Indochine afin de résister efficacement à un sérieux adversaire. Si l'on riposte par l'argument du gain de temps ainsi visé et permettant aux troupes métropolitaines d'arriver, la réponse est encore malheureusement négative, par la bonne raison que, dans l'état actuel des choses, nous ne possédons et ne posséderons jamais en Indochine aucun Point d'Appui pour une grande flotte, comme je crois l'avoir démontré d'autre part. Nous sommes donc privés de la maîtrise de la mer extrême-orientale et, partant, de la possibilité de porter à notre colonie un secours certain en cas de grande guerre dans cette partie du monde : aveu pénible, à coup sûr, mais qui n'apprend rien à personne... en Extrême-Orient tout au moins ; aveu nécessaire, aussi, devant l'opinion métropolitaine pour laquelle le fait d'envisager la réalité des choses est une impérieuse nécessité.

Je souhaiterais ardemment, vous le pensez

bien, me tromper et serais le premier heureux
qu'on fît la démonstration de mon erreur. Mais
l'évidence apparaît ici d'une telle force que la
réfutation de l'énonciation ne s'entrevoit guère.

*
* *

CENSURÉ

*
* *

Par contre doit-on assurément accepter
comme digne d'être retenue et étudiée, lorsque
la paix nous aura rendus à notre vie normale, la
constitution d'une armée propre à l'Indochine
et possédant son recrutement, ses cadres, sa
proportion, suivant les données admises par
d'autres puissances coloniales, de « un Européen

contre deux Natifs » : les armes spéciales étant réservées aux Blancs secondés par des auxiliaires indigènes, comme cela se pratique d'ailleurs actuellement chez nous? Cette armée indochinoise aurait son statut particulier. Elle absorberait les milices actuelles, troupes et cadres, ces derniers recevant dans la nouvelle organisation l'équivalence, à déterminer, de leur grade.

On pourrait canaliser vers l'armée indochinoise une partie des engagements contractés pour la Légion.

La colonie rendrait ainsi à la France une part appréciable des troupes métropolitaines qu'elle immobilise là-bas en temps normal, et l'Indochine se trouverait, au point de vue militaire, exactement dans la situation faite à l'Inde par l'Angleterre; à Java, par la Hollande.

Une telle conception semble d'autant plus acceptable que, si la garde indigène a rendu pendant la période de pacification les plus éclatants services, sa mission n'a plus d'objectif dans les pays tout à fait pacifiés et occupés : majorité de l'Indochine et totalité de la Cochinchine. Là, la gendarmerie, appelée ici à jouer parfois les rôles les plus imprévus, — un gendarme de Kouang-Tchéou-Wan est porté sur l'Annuaire avec la qualité de commissaire de police, renforcée de celle d'huissier, — et secondée par des auxiliaires indigènes sélectionnés avec soin, suffirait amplement, suivant les avis les plus autorisés; alors que, actuellement, des circonscriptions aussi tranquilles que les plus calmes arrondissements français, comportent, outre la gendarmerie et la troupe : 1 inspecteur, 4 gardes principaux et 150 à 400 gardes, suivant les provinces : le tout constituant le plus souvent, faute d'utilisation, une gêne et, pour le Trésor, une lourde charge venant s'ajouter sans utilité actuelle à celle que représente l'armée.

L'armée constitue, en effet, en Indochine, un effectif de l'importance duquel vous pourrez juger par ces quelques données. Elle comprend : un divisionnaire, commandant supérieur; une division de l'Annam-Tonkin; un état-major de l'artillerie, ayant à sa tête un brigadier; une direction d'artillerie de Cochinchine, dirigée par un colonel; plus les corps auxiliaires : intendance, justice militaire, compagnie d'ouvriers, télégraphistes, administration; le génie; la gendarmerie; les 4e et 5e régiments d'artillerie coloniale.

Une première brigade composée du 9e régiment d'infanterie coloniale, des 1er et 4e régiments de tirailleurs tonkinois, du 2e bataillon formant corps et du 4e bataillon formant corps également, du 1er étranger.

Une seconde brigade composée du 10e régiment d'infanterie coloniale, des 2e et 3e régiments de tirailleurs tonkinois, ainsi que du 5e bataillon formant corps du 2e étranger.

Une troisième brigade, composée du 11ᵉ régiment d'infanterie coloniale et du 1ᵉʳ régiment de tirailleurs annamites.

D'après l'organisation métropolitaine, chacune de ces deux premières brigades correspond sensiblement, on le voit, à une de nos divisions en France. L'effectif atteint approximativement, d'après le chiffre moyen des unités, 20 000 hommes dont 8 000 à 9 000 Européens. En ajoutant à cela 8 000 miliciens, notre situation militaire, envisagée sous son vrai rôle, qui est d'assurer la sécurité intérieure et la police de frontière de la colonie, est donc très forte.

Elle met nettement celle-ci à l'abri de toute éventualité de ce chef.

A titre de comparaison, voici une donnée non dénuée d'intérêt :

L'Inde compte 290 millions d'habitants. Les Anglais y entretiennent une armée comprenant 72 000 hommes de troupes européennes, contre 147 000 Indigènes des troupes régulières.

Les tenues de l'armée indigène de l'Indochine offrent une variété assez peu connue en France. L'ancien escadron des chasseurs à cheval est dissous, et devenu le corps de la remonte. Il aligne une cinquantaine de sabres. Les couleurs sont celles des spahis sénégalais. Certains hommes, estafettes de la résidence générale, portent la tenue, un peu modifiée d'après celles des corps annamites, de nos chasseurs à cheval.

Ces corps ont comme coiffure, non le salako, mais un chapeau pointu, qui, déjà adopté pour les auxiliaires de la gendarmerie et les policiers indigènes, devrait bien être généralisé, en remplacement du salako : à moins qu'on ne se résolve, ce qui serait le mieux, à imiter les autres armées coloniales indigènes de l'étranger, et à doter celle de notre Indochine d'uniformes à l'européenne et, soit du casque, soit de l'excellent chapeau léger, laqué, en usage dans l'armée des Indes néerlandaises.

Un mot en passant, à propos du salako :

Cette coiffure, tout à fait ridicule, impratique et qui ne correspond à rien ni n'emprunte quoi que ce soit au costume annamite, fut, me narrait un officier, le résultat... d'une erreur de dessin lorsque, au début de notre occupation en Cochinchine, on adopta un costume pour les premières troupes indigènes. Il y a de cela soixante ans, maintenant! Et le salako a tenu, ainsi que tient chez nous la routine. On va le supprimer. Mais le maintien si prolongé du salako n'est-il pas typique, comme un emblème de la façon dont les choses se passent trop souvent chez nous?

Un corps spécial de police locale, les linh-co, dont la tenue est celle des tirailleurs, mais avec ornements verts, est directement sous les ordres des mandarins. Un autre encore, qui se distingue par des ornements jaunes, constitue la garde impériale à Hué.

On peut se demander, comme je le faisais d'une manière plus générale au début de cette étude, jusqu'à quel point ces corps distincts, eux-mêmes et abstraction faite de l'armée, superposés à elle comme ils sont superposés entre eux : miliciens ; linh-co ; gendarmes, secondés par des auxiliaires indigènes ; police urbaine, européenne et indigène, ne s'enchevêtrent, donc ne se gênent pas les uns les autres ?

L'armée actuelle d'Indochine ne suffirait pas, fût-elle décuplée, à protéger, ai-je dit, notre empire asiatique contre l'attaque de telle puissante armée, instruite et équipée suivant les méthodes modernes.

C'est donc par notre diplomatie, par notre politique financière, par nos alliances, par notre puissance en Europe que nous assurerons la sécurité et la durée de notre empire asiatique.

Ne voyez dans cette assertion rien qui infirme la foi que notre nation doit avoir en la pérennité de notre Empire Jaune. La vieille Albion, l'industrieuse petite Hollande, le Portugal, justement fier de son passé colonial, sont la démonstration qu'un vaste domaine mondial peut faire indissolublement et indéfiniment corps avec la métropole sans que cette union soit exclusivement basée sur le pouvoir des armes, si elle puise son essence en une sage et pratique politique constamment dirigée vers le bien des populations et les intérêts généraux des colonies ; comme cela est généralement notre cas en Indochine, au demeurant.

Pour des raisons contraires, l'effondrement du vieil et glorieux empire que l'Espagne posséda jadis outre-mer est une décisive confirmation de cette énonciation.

CHAPITRE VIII

L'Indochine, a-t-on coutume de dire, est le pays du riz, dont la culture y domine au point d'en faire presque, comme je le mentionnais en parlant du port de Saïgon, un pays de monoculture. Ce fut vrai jusqu'à ce jour. Cela commence à ne plus l'être et le sera de moins en moins et d'ici peu de temps, grâce à d'heureuses initiatives privées. L'Indochine va devenir une des contrées de grande production du caoutchouc. Son évolution dans cette voie est d'ores et déjà acquise. Et le plus remarquable est qu'elle aura obtenu presque intégralement cet extraordinaire résultat par ses propres interventions financières, les capitalistes métropolitains, extrêmement informés, comme chacun sait, ayant obstinément vidé leurs bas-de-laine en faveur d'exploitations concurrentes étrangères : soit dit sans mentionner les milliards qu'ils ont confiés en Amérique du Sud à des entreprises montées grâce à cet argent avec du matériel en majorité

allemand ou yankee, et dans la direction desquelles ne figure le plus souvent pas un seul de
nos compatriotes ; détail d'ailleurs sans grande
importance maintenant que la part majeure de
ces capitaux sont perdus. Cet état d'esprit de
nos bons souscripteurs n'est, au demeurant,
point nouveau : Les étrangers, les Anglais notamment, avaient jadis constaté, avec les affaires de
mines d'or ou de diamant du Sud-africain, combien notre épargne est avide de valeurs majo-
rées à leur base et parvenues au delà de leur
taux de « boom ».

Donc, les fonds de nos compatriotes d'Europe
étant ainsi canalisés vers le dehors sous l'orien-
tation d'une direction nationale financière aussi
notoirement préoccupée de nos intérêts nationaux que désintéressée, les Français d'Indochine,
la Banque de l'Indochine en tête, se sont, eux,
mis à l'œuvre. Aux initiatives privées, les concours sont venus, dont certains, particuliers, de
France, convient-il d'ajouter pour être juste. A
ce jour le mouvement a « démarré ». Et le
résultat, déjà partiellement acquis, est certain
et proche, dans son intégralité !

Une visite aux plantations s'imposait donc en
vue d'apporter ici, en ce domaine encore, la documentation dont je me suis assigné la vulgarisation.

L'objectif choisi était Xuon-Loc, Han-Loc et Suzanna : 80 kilomètres de Saïgon et trois heures de chemin de fer, sur la ligne, vers le Nord, longue de 190 kilomètres, exécutée dans le projet Doumer et inaugurée il y a peu d'années.

Un mot incident, à ce propos : la gare de Saïgon, une petite bâtisse, exiguë, médiocrement entretenue, tout à fait indigne de notre capitale extrême-orientale, allait être démolie et remplacée par une autre, spacieuse, bien située, alors en voie d'exécution.

Le train, à circulation longitudinale, est composé d'une voiture mixte, 1re, 2^c et 3e classes, et de wagons de 4e classe pour le public indigène, très nombreux, très voyageur aussi, comme presque partout dans les contrées exotiques. Les locomotives sont énormes, pour la voie d'un mètre adoptée ici. Contrairement à la regrettable constatation faite en d'autres de nos territoires d'outre-mer, tout le matériel provient, ainsi que cela devrait exister sans exception, de France. Le personnel est, sauf quelques dirigeants français, entièrement indigène, et semble s'acquitter fort bien de sa tâche. Il serait parfait si sa tenue, un peu relâchée vraiment et qui jure avec celle des employés Natifs britanniques ou hollandais vus ailleurs, ne se ressentait du médiocre souci généralement apporté partout par nous à ce qu'il en soit autrement.

Notre cicerone, mon vieil ami O. Dupuy, nous présente un compagnon de voyage. Ce Monsieur porte, apparent, un revolver à la ceinture. Non pas que le pays ne soit sûr dans son ensemble. Mais aucune contrée du monde ne l'est absolument pour ceux que l'on sait pertinemment porter constamment sur eux de grosses sommes. Seulement, ici, ce sont les honnêtes gens qui sont armés, les malandrins n'ont pas le droit de l'être. Dans notre belle France c'est le contraire. La supériorité sous ce rapport appartient, je crois bien, à la colonie sur la métropole.

On me cite, à ce propos, un fait assez particulier : les carabines et pistolets à acide carbonique liquide ne sont pas qualifiées « armes ». Aussi sont-ils en grande vogue auprès des Indigènes. Une fabrique de gaz liquides existe d'ailleurs à Saïgon.

Nous voici à Xuon-Loc. Une charrette à bœufs a été amenée pour ma femme, et des chevaux pour nous. Les bœufs, effrayés par nos costumes blancs, font des leurs ; ma femme risque d'être renversée. Moins heureux, le bouvier est piétiné. Il faut remplacer l'attelage.

Avec des buffles, l'incident eût pu être grave. Ces animaux ont, souvent, en effet, la phobie du Blanc, et chargent. On nous prévient une fois pour toutes.

Une demi-heure de route à travers la beauté de la forêt équatoriale, heureusement débarrassée en cette saison de ses odieuses et agressives sangsues de terre, nous conduit à la plantation sans autre incident que la rencontre très couleur locale d'un boa volumineux et d'ailleurs inoffensif aussi...

Xuon-Loc est encore à son début : à la période de dure conquête sur la forêt tropicale, qui résiste, renaît, revient à la charge, prête à noyer le labeur humain sous le flot énorme de sa monstrueuse végétation. Quelques paillotes abritent les travailleurs : des Annamites et des Moïs. Ces derniers, vraisemblablement descendants dégénérés des premiers autochtones, les cheveux en broussaille, sont pour la plupart vêtus d'un « complet » consistant en une simple ficelle ; dénués de tous besoins, vivant de gibier et de plantes, armés de haches et de flèches empoisonnées, ils avaient été jusqu'ici considérés comme réfractaires à tout travail. Attirés par des salaires quotidiens de 80 cents — 1 fr. 70 environ — somme élevée pour le pays, bien nourris de riz, ils s'apprivoisent peu à peu. Certains servent même dans la milice de leur région. S'ils conservent leurs cases rudimentaires, montées sur pilotis, quelques-uns commencent par contre à s'habiller à l'annamite. Ils peuvent apporter un utile concours à la colonisation. Malheureusement, ils s'adonnent à l'alcool et sont ainsi menacés, si l'on n'y prend garde, du sort qui a frappé la plupart des Primitifs en contact avec la civilisation occidentale. A moins que, plus soucieux de l'avenir de nos sujets indigènes que nous ne le sommes de celui de notre propre race, nous ne prenions des mesures pour défendre nos Moïs contre le hideux alcoolisme.

D'autres paillottes, plus spacieuses, abritent le chef des travaux, les gens de service. Enfin, une grande case a été élevée pour le maître.

L'intérêt de Xuon-Loc est d'y voir une plantation à la première période de son instauration, la substitution de la culture raisonnée à la brutalité de la végétation sauvage et la lutte de l'homme contre cet élément redoutable, écrasant, dont seuls peuvent avoir l'idée ceux qui l'ont vue : la forêt tropicale.

Tandis que se poursuit tout autour le dur travail de défrichement, un espace a été aménagé pour la pépinière d'où sortira quelque jour prochain ce qui doit faire la fortune de cette contrée des « terres rouges » : hévéas, dont les graines germent sur des claies garnies de toiles mouillées ; cafés ; patchouli : celui-ci une petite plante insignifiante, à peu près dénuée, à l'état naturel, de tout arome, au point qu'on se demande comment on a découvert qu'elle contient un si violent parfum.

*
* *

Je viens de vous parler des terres rouges. Ce sont des terrains homogènes d'une richesse inouïe, où un sol couleur ocre, très poreux, imprégné d'humidité, offrant une forte proportion d'eau par mètre cube, contenant 7 à 9 0/000 d'acide phosphorique, au lieu de 2 0/000 que présentent les terres les plus favorisées, épais de 10 mètres et davantage; ils forment une bande de 250 kilomètres, large de 30 à 60 et s'étendant sensiblement de Baria au Mékong.

La forêt recouvrait cette contrée; la découverte des terres rouges remonte à la construction du railway Saïgon-Phantiet. Leur révélation va être, elle est déjà, une source de richesse immense pour notre colonisation en Cochinchine.

Suivant la méthode adoptée si largement et avec tant de profit par les Américains, mais assez peu compatible avec la circonspection de nos initiatives, le rail précédant ici la civilisation aura ouvert à celle-ci la voie.

Dès aujourd'hui, les capitaux engagés en Cochinchine dans les plantations d'hévéas sont estimés à une dizaine de millions, et ce n'est qu'un début. L'Insulinde et la Malaisie ont réuni, pour ce même objet, 200 millions. Que de chemin à faire encore pour égaler un tel résultat!

La forêt elle-même commence à être exploitée et ceci apporte un appréciable appoint au trafic du railway. Elle est riche en essences de valeur ; dans une mesure, inférieure cependant, d'après les données recueillies, aux incomparables ressources de la forêt équatoriale africaine. Certaines parties en sont malheureusement insalubres ici au point qu'une station a dû être abandonnée en raison de la consommation de personnel, des Indigènes cependant. A ce propos, il est surprenant de constater l'absence jusqu'à présent, dans toute cette partie de l'Indochine, de plantages d'eucalyptus, en dépit de l'influence bienfaisante et reconnue de cette essence sur l'assainissement.

A Suzanna, non loin de Xuon-Loc, c'est une exploitation déjà en plein rendement que nous avons sous les yeux. L'ordonnance de cette plantation, gagnée sur la nature hier encore sauvage, est, au sens absolu du mot, digne d'admiration.

Suzanna constitue avec la plantation de Han-Loc, voisine, une immense culture de 5 kil. 500 sur

1 250 mètres, d'un seul tenant, en terrain plat. Elle est divisée en rectangles clos, séparés par de larges avenues; c'est l'arbre à caoutchouc, dit « hévéa », qui a fait là l'objet du principal effort.

On avait déjà planté là 900 hectares sur 1 050. Un détail montrera la multiplicité de détails avec lesquels doit compter l'exploitant, en ces régions à peine ouvertes à la main de l'homme et qui, par une insalubrité d'origine tellurique, semblent se venger d'être violées : les clôtures dressées contre les ruminants de la forêt ne suffisaient pas pour défendre les jeunes plants contre les animaux destructeurs et en particulier les porcs-épics, qui en sont très avides. Aussi a-t-on dû engrillager, sur de longs espaces, les parties en contact avec la brousse... tout comme on le fait pour les somptueuses chasses des environs de Paris!

Les arbres sont disposés en quinconces, à 5, puis à 7, et aujourd'hui à 10 mètres les uns des autres; espace jugé encore insuffisant, si l'on tient compte que l'hévéa atteint dans son plein développement jusqu'à 3 mètres de circonférence et 30 mètres de haut. Les hévéas d'ici commencent à être saignés à quatre ans. A partir de ce moment, l'arbre ne cesse plus de donner et son rendement croît avec sa taille. On cite à ce propos des exemples du plus haut intérêt. A Singapore, un arbre a fourni 30 livres anglaises de latex en quatre-vingt-dix jours. Un autre, à Ceylan, en a donné 90 livres en un an.

Nous verrons toutefois, je dois le signaler, que l'opinion sur le rapport 'entre la croissance de l'arbre et son rendement n'est pas unanime, ainsi que je le mentionne plus loin.

Le suc coule d'une légère incision, pratiquée alternativement sur cinq faces de l'arbre, exploitées chacune pendant une année. Le « saigneur » use d'un couteau spécial, sorte de rabot à lame incurvée ; le latex est quotidiennement recueilli dans des godets de verre et porté, à l'état de lait, à la manutention. La main-d'œuvre annamite, adroite, experte, excelle à ce travail où la plus grande difficulté est d'éviter d'attaquer le cambium. 1 500 coolies sont employés, à Suzanna, et 1 000 à Han-Loc. Tout ce monde vit paisiblement, sans nécessiter une police.

A la manutention, le latex est coagulé par le chlorure de sodium et réduit en blocs mous mais homogènes, de 50 centimètres sur 30 environ. Le bloc est passé au laminoir, d'où il sort en feuilles d'un blanc immaculé. Les feuilles sont soumises au séchoir, qui les fume en même temps, puis séchées de nouveau à l'air. Trois jours après qu'il a été recueilli, le latex, transformé en une feuille brune, mince et souple, est prêt pour l'expédition.

Notre pays qui, par notre Afrique Équatoriale, est déjà un important producteur de caoutchouc en même temps qu'il en est, grâce au développement de l'industrie automobile principalement, un énorme consommateur, va avec l'expansion des plantations en Indochine passer au rang des principaux vendeurs de ce produit, devenu de nos jours matière de première nécessité.

La question, qui s'est déjà posée de savoir si l'industrie agricole et forestière spéciale à ce compartiment ne doit pas comporter certaines mesures douanières propres à favoriser notre production nationale, s'impose aujourd'hui à l'attention des Pouvoirs publics.

Ce qui est remarquable et nouveau dans ces deux plantations de Suzanna et de Han-Loc, c'est que le déracinement des souches, parfois énormes, le hersage, le labourage, y sont effectués mécaniquement jusque sur le front de déboisement, en des points où les puissants tracteurs à vapeur tracent eux-mêmes la voie dans des terrains encore vierges. Le système employé à Java, à Ceylan et dans la Malaisie, est tout différent. Il n'y a pas été généralement procédé à l'enlèvement des souches. Certains attribuent à ce défaut d'aménagement du sol les maladies cryptogamiques, dont le redouté « fumès », qui affectent les plantations de ces pays. Les procédés mécaniques y sont d'ailleurs demeurés à peu près inconnus.

A Suzanna, des essais sont entrepris parallèlement sur des cultures secondaires : ce sont, d'abord, certaines espèces latécifères autres que l'hévéa ; puis le kapokier, aujourd'hui d'un emploi courant ; le camphrier, si intéressant en raison de l'épuisement progressif de cette précieuse essence à Formose, qui en était jusqu'ici le principal producteur ; le caféier, la patate, employée comme couverture du terrain dans les plantations ; le poivrier, le cocotier, qui promet un gros espoir d'avenir ; le riz, le manguier, le jacquier, le manioc. Nombre d'autres essences encore ont été plantées là et réussissent de façon surprenante. Une pépinière, véritable modèle que pourrait envier sans peine n'importe quel jardin botanique officiel, réunit ces essais.

Enfin, une herbacée sauvage, d'une abondance extraordinaire et appelée « tran », pourrait être employée à la fabrication du papier comme l'est l'alfa d'Algérie et de Tunisie.

Une prospérité encore à peine entrevue peut et doit résulter pour l'Indochine de l'exploitation de tous ces éléments.

J'ai parlé du cocotier : il se pourrait que le coton, lui aussi, déjà en très bonne voie au Cambodge, donnât dans le reste de l'Indochine les plus importants profits. L'attention vient d'être attirée en Cochinchine sur certains résultats surprenants, obtenus avec des plants d'essai que l'on avait un peu négligé de suivre jusqu'alors. Le rendement, que l'on est en droit dès maintenant de prévoir comme tout à fait exceptionnel, serait, avec le coton et à l'encontre de ce qui se passe pour d'autres essences, presque immédiat : un an ou dix-huit mois.

L'industrie cotonnière manque généralement de matière première plutôt qu'il n'y en a pléthore. Toutes les nations manufacturières sont impatientes du monopole, non exempt de dangers, que détiennent à peu près les États-Unis en ce compartiment; monopole à peine tempéré par la production égyptienne. Il n'est pas une puissance coloniale qui n'ait fait un effort dans la voie de la production du coton. Nous-mêmes, il faut le dire, sommes loin d'être demeurés étrangers à ce mouvement grâce aux très louables initiatives prises en Afrique par l'Association Cotonnière Coloniale sous l'impulsion du regretté M. Esnault-Pelterie. Il se pourrait que l'Indochine apportât dans notre balance sous ce rapport un appoint décisif. Les choses en sont encore certes à leur début dans ce domaine : ce qui est une raison de plus pour en signaler dès maintenant l'importance.

Deux curieuses trouvailles ont été faites au cours des défrichements effectués en cette région.

La première est que des instruments et des armes en pierre taillée ou polie, identiques à ceux couramment trouvés en Europe, ont été recueillis çà et là dans la forêt. Le fait semble bien attester une fois de plus ainsi une civilisation uniforme sur la surface du globe à une certaine période de l'humanité.

La seconde a été la découverte en maints endroits de la forêt « redevenue vierge », de nécropoles et de tombeaux anciens, quelques-uns importants. Ces lieux, retournés à la nature sauvage, auraient donc été habités jadis par une population dense. Faut-il voir en ceci une trace de ce grand peuple kmer mystérieusement disparu, et de la puissance duquel les ruines d'Angkor attestent la splendeur?

Le très grand mérite d'avoir doté l'Indochine des deux magnifiques exploitations de Suzanna et de Han-Loc, encore, d'y avoir introduit ce facteur nouveau avec une sûreté, un esprit de suite,

une méthode qu'il faut avoir constatés pour les
admirer à leur valeur, revient à un de nos compatriotes dont j'ai vif plaisir à citer le nom :
M. Girard.

D'autres exploitations sont en fonctionnement,
déjà nombreuses. La Banque de l'Indochine,
entre autres, en possède une, très importante.

Les hommes qui vont ainsi implanter dans
nos territoires d'outre-mer notre rayonnement
économique et consacrer leur énergie, leur savoir,
leur activité, leurs capitaux, à la prospérité de la
Plus Grande France sont autrement méritants,
autrement dignes de la reconnaissance nationale
que tels contempteurs sans responsabilité, esprits
dont le parti pris n'excuse ni l'ignorance, ni
l'action démoralisante. Pourtant, aux seconds
seuls va d'ordinaire la renommée. Et cela est
inéquitable. Un peu écœurant aussi pour ceux
des nôtres qui luttent au loin.

Il me faut mentionner un usage anglais et
hollandais, demeuré négligé chez nous, et qui
offre aux participants financiers de ce genre
d'affaires — et d'autres aussi sans doute — une
singulière garantie. Il s'agit du « visiting ». Le
visiting est une personnalité indépendante, notoirement connue, honorable, compétente, large-

ment rétribuée, meilleure garantie contre toute tentation de compromission et qui est chargée d'évaluer non seulement à son début mais périodiquement la valeur réelle, les chances d'avenir d'une plantation comme de s'assurer des méthodes employées.

Pour parer à un échec, toujours possible, nulle entreprise ne devrait, dans l'avenir, échapper à l'intervention du visiting, dont l'appréciation, en même temps qu'elle apporte au capitaliste une singulière assurance, éviterait en bien des cas des interventions financières dans telles affaires, surtout étrangères, seulement connues par des prospectus et par leur cote en Bourse : interventions trop souvent regrettées après coup comme tant d'exemples fàcheux le démontrent.

CHAPITRE IX

LES PLANTATIONS CAOUTCHOUTIÈRES DES « STRAITS SETTLEMENTS »

Il m'a paru ici encore opportun et instructif de corroborer le chapitre précédent par quelques observations sur les plantations caoutchoutières de l'Insulinde qui passe avec raison pour la contrée où ce genre d'exploitation est poussé à son plus haut degré d'intensité et de perfection.

*
* *

J'avais conservé de ce pays, lors d'un précédent voyage, le souvenir de la forêt commençant dès la périphérie de Singapore, pour se dérouler en un site uniforme presque ininterrompu, le long de la voie qui conduit à Johore. Et voici que, quatre ans après, de ce même railway, c'est une contrée autre qui se montre, ne rappelant plus en rien l'aspect vu jadis.

Disparus, les grands arbres, la brousse,

l'enchevêtrement des lianes. Et, là où la forêt dressait la souveraineté de sa végétation, ce sont maintenant des terres cultivées; tel un immense verger en lequel les hévéas, alignés à perte de vue, allongent les milliers de rangées de leurs troncs encore grêles, mais à nombre desquels est déjà suspendu le godet où coule le blanc latex.

Le « boom » du caoutchouc a accompli le miracle de transformer ce pays, comme par un coup de baguette.

Et, pendant des kilomètres et des kilomètres, aujourd'hui en railway, demain en auto, nous verrons l'hévéa monotone, opulent, souverain, substitué à la grande brousse équatoriale.

*
* *

Les méthodes diffèrent infiniment d'une plantation à l'autre. En certaines, que l'on dit plus près des chances de grand avenir, les arbres sont plantés seuls, espacés de 7 et 10 mètres, sans aucune culture secondaire et sur un terrain sévèrement débarrassé de toute végétation parasitaire. Ailleurs, c'est dans des champs drus d'ananas, ou bien alternant avec des cocotiers qu'a été planté l'hévéa. Quelque riche que soit généralement la terre en ces régions, nombre de spécialistes doutent qu'elle puisse répondre indéfiniment à l'effort que lui demandent deux

cultures parallèles, également intenses et épui-
santes.

Dans d'autres exploitations, on a simplement
débroussé par le fer et le feu, retourné la terre ;
mais, contrairement à ce que nous avons vu à
Suzanna, laissé dans le sol les souches et les
troncs, parfois très saillants, des gros arbres.

Il y a donc, on le voit, en dehors de la valeur
du terrain et de l'exposition, une différence
totale de valeur intrinsèque d'une plantation à
l'autre. A surface identique, à nombre égal de
pieds d'arbres, telle d'entre elles représentera une
richesse double, triple, et bien davantage, de
telle autre : d'autant mieux que la destruction
cryptogamique et le « fumès » guettent celles qui
sont dans le cas des dernières dont je viens de
parler.

Et comme je m'étonnais d'un semblable écart
de conception :

« C'est que, me dit quelqu'un, il y a deux
sortes d'exploitations : celles qui sont faites pour
produire du latex et celles qui ont pour but de
récolter... des actionnaires. »

La culture envisagée sous ce second angle
donne assurément des résultats bien plus rapides
que lorsqu'il faut attendre quatre à sept ans
que l'hévéa se décide à fournir son latex. Or
comme l'habitude des souscripteurs d'Europe,
en particulier de France, est de « marcher » bien
plus sur la publicité et l'habileté du « démar-

cheur » que sur la valeur même d'une affaire et que pas un sur mille des ponteurs n'a été étudier les choses sur place, les lanceurs exotiques ont beau jeu. Ils en usent. Peut-on absolument les blâmer?

Une remarque à ce sujet : on reproche à tout propos au bas-de-laine français sa timidité. Il n'est pas de capitaliste plus hardi, au contraire. Certes, lorsqu'il s'agit d'affaires françaises, qu'il peut suivre de près, peut-être regarde-t-il le plus souvent à se lancer. Mais, qu'on lui propose un placement extravagant, dans un pays dont il ignore la position géographique et parfois jusqu'au nom, si le battage est bien organisé, personne au monde ne répond avec plus d'entrain à l'appel. Il y a, comme cela, en France, des foules de braves gens qui conservent pieusement dans leurs portefeuilles des titres dont ils seraient bien incapables de dire si c'est dans l'ancien ou le nouveau continent qu'est située l'affaire.

Ou bien encore, n'est-ce point le capitaliste français, qui, lui, n'hésite pas à absorber tout ce qu'on veut bien lui repasser de papier de telles entreprises dont l'étranger a depuis longtemps renoncé à conserver le stock par devers lui?

C'est pourtant bien de l'audace cela?...

Il est curieux de constater comme les réputations injustes s'implantent, en ce bas monde...

*
* *

Au surplus, on n'est pas encore absolument fixé, aux Straits Settlements, sur la valeur exacte du rendement des plantations. Il y a en cet ordre d'idées une part d'aléa dont il importe de tenir le compte le plus sérieux. Ainsi, ici, où certaines plantations sont relativement anciennes puisqu'il en est qui ont déjà une dizaine d'années d'existence, on s'est aperçu que les arbres plantés à cinq ou six mètres étaient trop rapprochés. Il a fallu en arracher un sur deux. Mais on avait tablé sur deux dans les prévisions financières...

On avait, également, compté sur un rendement progressif, parallèle à l'accroissement de l'arbre. La pratique ne semble pas confirmer une telle donnée.

Enfin, et ce point vaut de retenir l'attention : à partir d'un certain âge l'écorce incisée se reformerait avec une lenteur extrême, propre à influencer sérieusement le rendement.

Ces observations, entendez-le bien, ne signifient pas que la culture caoutchoutière constitue un genre d'exploitation dangereux ou à écarter. Loin de là. Elles ont pour unique objet de démontrer qu'il y a entreprises et entreprises, même contiguës; les unes très sérieuses, offrant le maximum de garanties que peut donner une affaire quelconque, à la condition de n'être pas majorée. Et d'autres, conçues différemment. Voilà tout.

Or, comme notre marché est très sollicité par toutes, il est bon qu'on connaisse ces détails. Et, les ayant appris sur place, « sur le tas », je les répète, pour le profit des intéressés. Sans plus...

*
* *

Les Français ont beaucoup d'intérêts dans les « Straits Settlements ». Les Belges aussi, d'ailleurs.

Certaines personnalités de là-bas m'ont dit : « Le vrai avenir en ces pays a cessé d'être au caoutchouc, dont la production, au train dont vont les choses, risque, à un moment donné, de dépasser la demande ; il est au cocotier, moins délicat, se contentant de sols médiocres, n'exigeant qu'un minimum de main-d'œuvre grossière ; le coprah est un produit dont la demande va et ira croissant, illimitée elle, pour mille usages industriels et alimentaires, en même temps que les prix montent, montent... Puis là, on ne trouvera vraisemblablement jamais un succédané. »

J'ignore si cette opinion est dictée par le désir de recommencer sur le cocotier la fructueuse floraison de lancements financiers dont l'hévéa a été jusqu'ici l'objet?...

* * *

Ce sont les Chinois qui ont, les premiers, ouvert la Malaisie à l'agriculture, à l'industrie minière, celle de l'étain notamment. Bon nombre d'entre eux y ont conquis d'énormes fortunes. Aujourd'hui, l'élan est donné. A Sumatra, dans la région de Deli, les Américains entre autres ont entrepris la culture caoutchoutière sur une échelle énorme. On m'a parlé d'une exploitation de 85 000 hectares sous une seule firme !

J'ai dit où en était notre Indochine, en ce domaine. Ces données comparatives m'ont semblé, je le répète, d'un enseignement évident pour l'avenir de notre empire asiatique.

CHAPITRE X

La question du monopole de l'alcool a constitué pendant nombre d'années un des plus gros et des plus controversés problèmes à la fois fiscaux, économiques et même politiques de l'Indochine.

Les adversaires du monopole de la vente font à ce système deux reproches : le premier est d'obliger l'Indigène à boire un produit qui ne soit pas celui de sa fabrication, dont il a le goût traditionnel; le second, de comporter une surveillance allant jusqu'à la perquisition domiciliaire permanente et d'entraîner de ce chef maints abus semant peu à peu, progressivement, dans les couches profondes de la population annamite un mécontentement susceptible de se transformer inopinément quelque jour en agitation grave.

Grâce à une mesure récente, ce dernier reproche est périmé ainsi que le constatait dernièrement M. Harmand, dont la *Revue indigène* résumait ainsi le dire :

« La détermination adoptée est parfaitement

légitime, et on ne pouvait pas *présentement* en imaginer une meilleure. On a désarmé les critiques les plus fondées par la suppression de ces enquêtes et de ces perquisitions domiciliaires, qui ont donné lieu à de si regrettables abus, et qui entretenaient les ressentiments justifiés des Indigènes, et la population s'accommode de ce régime. »

Sans prétendre trancher une question si grosse et si complexe, je saurais d'autant moins la négliger dans ces notes qu'une offre obligeante m'a valu de visiter en ses moindres détails la principale usine que la Société des Distilleries de l'Indochine possède, à Cholen.

La Société est elle-même une firme importante puisque son capital ne représente pas moins de 11 millions et demi, dont 7 millions et demi d'actions; le reste en obligations. Tout le matériel des usines est de provenance française.

A part les quelques détails de fabrication que comporte la préparation du riz, le fait que les générateurs sont chauffés à la panne de riz au moyen d'un dispositif fort ingénieux, et les rigoureuses précautions antiseptiques nécessitées par la température à laquelle on travaille, la distillation, dont le produit sort à 50 degrés de la colonne, s'opère suivant les mêmes méthodes que celles employées pour toute autre matière première courante propre à cet usage. Toutefois, on est parvenu à isoler les ferments utilisés par l'Indigène pour la fabrication de son choum-choum et à les employer industriellement. Cette application scientifique, d'un haut intérêt, est due aux travaux du docteur Calmette, de Lille.

Point n'est donc besoin d'être technicien pour découvrir que si l'alcool de riz sortant des distilleries européennes se différencie du choum-choum traditionnel, c'est en ce que le premier est un produit pur, uniforme, et le second un produit inégal et d'une pureté forcément imparfaite en raison même de ses méthodes empiriques de fabrication.

« Cependant, si les Indigènes préfèrent l'alcool fabriqué par eux, même inférieur, à celui que vous leur imposez? » objectent les adversaires du système actuel.

C'est le droit, pour les Indigènes, d'avoir une préférence de goût, assurément. Mais en matière de fiscalité, les préférences du contribuable comptent peu dans tous les pays du monde.

*
* *

Quant au système qui fixait la nature de l'alcool vendu aux Annamites à une qualité uniforme réduite à 40 degrés, il est condamné.

Il était bien administratif; mais, aussi, illogique et anticommercial : trois adjectifs qui ne jurent pas toujours entre eux.

Cette clause, maintenant supprimée puisque l'alcool peut être livré à 50 degrés, ou « vieux », de qualité supérieure, était bien inutilement restrictive en effet; le gouvernement avait la faculté de l'annihiler d'un trait de plume; elle a peut-être plus fait cependant pour rendre impopulaire le monopole indochinois des alcools que le principe du régime lui-même.

Elle n'en a pas moins constitué une de ces erreurs dont on est encore plus surpris qu'elles aient pu subsister longtemps que naître.

*
* *

Dans les monceaux de copie publiés en ces dernières années sur ce délicat sujet du monopole des alcools en Indochine, on eût cherché en vain une ligne, un mot concernant les petites exactions métropolitaines de notre régie des tabacs, ou les déceptions infimes mais indéfiniment répétées que nous impose celle des allumettes.

Que diraient-ils alors, les adversaires du mode de fiscalité en cause, si l'on appliquait à nos sujets coloniaux ce vestige de l'ancienne gabelle que l'on appelle l'octroi?...

Ce sont pourtant bien là des sujétions nées de l'impôt?... Cependant, sur toutes celles-là on se tait, parce qu'elles pèsent simplement sur le négligeable contribuable métropolitain. Il n'est pas un seul de nos vaillants indigénophiles pour hésiter à vous affirmer que ce qui est bon pour le *vulgum pecus* des Français d'Europe ne saurait convenir à leurs sujets d'outre-mer. C'est peut-être une théorie; mais, à coup sûr, un paradoxe.

*
* *

Est-ce à dire que le système du monopole soit, en lui-même, à prôner? Je n'entends point soutenir semblable thèse. Impopulaire en France, il l'est aux colonies, voilà tout. Il est tolérable uniquement parce qu'il est une des formes de l'impôt, et que l'impôt est une nécessité. Le rat-de-cave métropolitain qui jouit, dans notre domicile, du monstrueux, mais cependant indispensable droit de perquisition; le contrôleur qui compte les feuilles de tabac de nos champs; et le gabelou à qui est dévolu le droit de fouiller nos bagages à l'entrée des villes à octroi, ne nous sont-ils donc pas insupportables, à nous aussi, les « ressortissants » de France? Nous les subissons cependant, et les acceptons même, par raison civique.

On ne voit alors pas en quoi ce qui est bon pour nous ne le serait pas pour nos sujets exotiques; ni pour quel motif il y a matière à crier à l'oppression parce qu'on applique à ces derniers des procédés fiscaux auxquels nous n'échappons pas nous-mêmes.

Autre chose, par contre, est de savoir s'il ne pourrait être pourvu aux besoins budgétaires par des voies différentes, moins vexatoires et sans doute d'un recouvrement moins onéreux pour l'administration elle-même?

Seulement, le jour où l'on abordera l'étude généralisée d'un système fiscal différent dans l'intention ferme d'aboutir, que ce soit, de grâce, avec l'objectif d'étendre le fruit de cette étude à la métropole.

Une semblable initiative trouvera peu d'opposition en France de la part des contribuables...

Reste un dernier point de vue : le point de vue politique indochinois.

Celui-ci est, il faut le reconnaître, tout à fait à part. Il échappe, pourrait-on dire, à l'examen rationnel des choses, pour concerner seul leur caractère circonstanciel.

Des engagements, peut-être imprudents ou prématurés, auraient été pris vis-à-vis des Indigènes.

« Nous ne devons pas oublier, déclarait, il y a quelque temps dans un journal de Paris M. Messimy, que des promesses formelles ont été faites par l'administration aux Annamites. Si le monopole pur et simple était maintenu, on commettrait au point de vue de la politique indigène une très grosse faute qui annihilerait complètement les heureux effets des différentes améliorations qui pourraient être apportées par ailleurs au sort des Annamites. »

Le bulletin mensuel du *Comité de l'Asie française* exposait, de son côté, son avis en termes fort nets :

« La question du monopole, disait en substance cet organe, n'est pas fiscale, mais bien politique. La difficulté de remplacer les quelques millions que ce monopole rapporte net — et encore faudrait-il se rendre compte de ce que le service des douanes et régies doit dépenser pour l'assurer — n'est rien, à côté des inconvénients et du danger de maintenir un régime inséparable des perquisitions nécessaires pour empêcher la distillation clandestine. La crainte d'aborder en face une question budgétaire et les intérêts de quelques particuliers ne doit pas l'emporter sur le souci de la sécurité politique de la colonie et sur la parole donnée par le représentant de la France. »

Depuis, un statut nouveau a été instauré, qui rend en partie caduques les critiques.

Je n'exagérais pas, vous le voyez, en qualifiant de complexe, au début de ce chapitre, le gros problème du monopole des alcools en Indochine. Je me suis efforcé d'en résumer les données de mon mieux et aussi impartialement que possible : à chacun de conclure.

CHAPITRE XI

Pnom-Penh, hier encore un amas de huttes montées sur pilotis fichés en des cuvettes marécageuses, et formant autour de la cité royale une agglomération informe, est devenue en quelques années sous l'impulsion française, dont l'honneur initial remonte à Mouhot et à Doudart de Lagrée, au temps de S. M. Noroddom, en 1871, une grande ville de 72 000 habitants, dont 1 600 Européens. C'est donc une vraie capitale exotique; au demeurant, sa prospérité s'atteste par un infaillible thermomètre : la hausse considérable et constante des terrains.

Un long boulevard a été créé, admirablement entretenu, bien planté, bordé de monuments et d'établissements : Résidence; collège; caserne d'infanterie coloniale; école professionnelle et artistique, récemment fondée; les travaux les plus remarquables, soit dit incidemment, sortent déjà de cet établissement où en un an le nombre des élèves est passé de 28 à 136; c'est lui qui entretient dès maintenant la flottille administrative.

Voici les Douanes; un hôtel suffisamment Touring-Club et où un salon d'exhibition et de renseignements a été réservé au tourisme; devant l'hôtel, un terre-plein que la musique de la garde royale vient, suivant la formule, faire régulièrement retentir des « morceaux les plus entraînants de son répertoire »; un pont monumental, jadis élevé pour soustraire des fonds cambodgiens à la rapacité du budget général; la Mission; un hall léger où se donnent des représentations cinématographiques dont le programme, comme le fait est commun, ne ménage pas toujours assez le prestige européen si nécessaire en pays de domination; puis, partout de larges voies neuves, heureusement tracées; un canal, dont les déblais comblent peu à peu les terrains bas bordant la ville; un marché où, parfois, se débite au détail, en commençant par l'extrémité de la queue, du crocodile, vivant... pour le mieux conserver. L'éclairage électrique partout, à profusion, même dans les quartiers nouveaux où les constructions n'ont pas encore suivi l'avancement de la voirie; un centre chinois, plein d'animation. Et, encore, un bien délicieux petit parc agrémenté de quelques beaux tigres captifs; il entoure une colline surmontée d'une vieille pagode. Enfin, dominant, synthétisant le tout, la vaste cité royale, où des merveilles d'art excusent quelques faiblesses architecturales.

Tel est, en deux traits, Pnom-Penh. Dans l'es-

pace de quelques années, le Résident Supérieur
Outrey aura fait de ce pays un des plus attrayants
qui soient pour le tourisme, fortune des centres
où on sait l'attirer. Le visiteur, en effet, rencontrera là, en un ensemble non dissonnant, les
plus extraordinaires vestiges d'une antiquité mystérieuse, le respect du pittoresque chez une population demeurée telle que nous la trouvâmes
lors de notre implantation, en 1863. D'ailleurs,
le Cambodgien reste profondément attaché à ses
anciens usages. Par une heureuse conception des
choses, on l'incite à les conserver plutôt qu'à les
atténuer. Témoin cette rénovation de l'emploi
de l'éléphant; quatorze de ces animaux qui
venaient d'être capturés étaient en dressage,
lors de mon passage.

Le Cambodge est riche; et sa richesse aug-
mentera avec sa mise en valeur consécutive au
parachèvement de son outillage économique en
tête duquel on a avec raison mis un programme
étendu de réseau routier, en pleine voie d'exécution.

Les pêcheries, la culture où, à côté du riz,
prédominant, le coton et le poivre tiennent une
place importante; demain, le tourisme, en passe
d'organisation promettant d'être parfaite; l'éle-

vage et l'exportation bovine : tout cet ensemble
assure au Protectorat un avenir dont les promesses s'augmentent encore de la découverte récente de gisements énormes de phosphates et de
minerai de fer.

L'exportation du bétail a subi, toutefois, une
crise passagère, due à ces procédés dont les Yankees usent avec une facilité vraiment excessive
lorsqu'ils jugent bon d'entraver chez eux l'im-
portation d'un produit quelconque : Le principal
débouché de la vente des bœufs du Cambodge
est aux Philippines. 80 000 têtes de bétail pour
un cheptel approximatif d'un million de bovi-
dés y sont transportées annuellement. Pour arrêter ce mouvement au profit d'un autre, d'origine différente, le gouvernement des Philippines
n'avait trouvé rien de mieux que de déclarer
le troupeau du Cambodge atteint d'une épizootie,
inexistante en réalité, mais dont la proclamation
suffit à enrayer du jour au lendemain l'entrée
du bétail de provenance cambodgienne dans la
possession américaine. L'énergie de nos protestations aboutit à l'envoi d'une mission où figurait
un vétérinaire consciencieux et probe. Celui-ci
n'eut pas de peine à démontrer l'inanité des
affirmations de ses compatriotes et alla jusqu'à
appuyer son dire de l'offre de sa démission, si
la conclusion de son rapport n'était pas acceptée.
Les mesures de prohibition furent rapportées.
Mais le fait qu'elles aient pu être prises avec

tant de désinvolture montre le moindre souci
que professe assez volontiers le bon Jonathan
pour les intérêts d'autrui.

*
* *

Le Cambodge pourrait au besoin, par le tonnage des navires à même de remonter le Mékong,
jouir de sa vie économique extérieure propre. En
fait, il dépend de la Cochinchine, dans les exportations de laquelle il entre, — approximativement, car les statistiques précises font défaut, —
pour quatre cinquièmes des poivres et environ un
quart des riz expédiés par Saïgon : soit plus de
300 000 tonnes annuellement.

D'après les données que j'ai pu recueillir, les
exportations cambodgiennes doivent atteindre
une cinquantaine de millions; ce chiffre est
d'ailleurs plutôt bas si l'on considère que le pays
compte depuis 1897, date de l'annexion —
contre l'abandon de la zone centrale des provinces siamoises — de la région de Battambang,
qui lui a apporté un appoint de 230 000 habitants, un chiffre global de 1 634 000 âmes.

Le budget est de 5 millions de piastres.

Il est à ce propos permis de s'étonner que
notre diplomatie ait jadis laissé au Siam, depuis
Kratt jusqu'à Klong-Kopo, la possession d'une
longue et étroite bande de terre, isolant ainsi

de la mer un immense territoire cambodgien.
La diplomatie demeure trop souvent une des
faiblesses de notre action extérieure, comme
le prouve une fois de plus ce nouvel exemple.

*
* *

Le Cambodge a été d'une civilisation, d'une
richesse prodigieuses. Il fut à l'antiquité asiatique ce que l'Égypte a représenté dans l'antiquité méditerranéenne; il offre avec la vieille
terre des Pharaons cette analogie curieuse : du
Mékong, une fois l'an, refluent dans l'intérieur
vers le Grand Lac, puis vers un capillaire dédale
de multiples canaux, les eaux fertilisantes qui
transformaient au temps passé ces terres en
grenier de l'ancien monde jaune.

Qui sait si pareille prospérité ne saurait être
de nouveau? Un barrage de 12 mètres sur le
Mékong, à Sambor, laisserait dans le haut pays
50 centimètres aux basses eaux. Il permettrait
en toute saison aux navires de faible tirant de
parcourir cette contrée. Les « cuvettes », nombreuses à l'infini, seraient exploitables en saison
sèche et 8 millions d'hectares cultivables, sur un
total de 14 millions, pourraient entrer en production permanente. Ce travail coûterait 5 millions environ. Qu'est cela auprès de l'effort

accompli par les Anglais en Égypte? Ce rêve est-il une utopie? Verra-t-il quelque jour l'heure de sa réalisation? Son principe est indéniablement souhaitable, et l'importance d'un tel projet vaut qu'il soit par la suite sérieusement étudié.

CHAPITRE XII

UNE VISITE AUX CHARBONNAGES DE HONG-HAÏ

A l'époque de la conquête du Tonkin, les Anglais, nos bons amis d'aujourd'hui, alors moins chauds partisans de l'Entente, faillirent nous jouer un tour gros de conséquences s'il avait réussi. Ils décidèrent d'occuper Hong-Haï, dont ils avaient deviné l'importance stratégique et économique. Cette occupation équivalait à confiner au Delta l'expansion de nos côtes vers le Nord. Prévenu à temps, le gouvernement envoya aussitôt planter nos couleurs sur le point convoité ; et, avisé du fait, l'amiral anglais de Hong-Kong ne se dérangea pas.

Le coup de la Nouvelle-Zélande, que nos voisins d'outre-Manche soufflèrent si bien jadis à l'amiral français chargé de l'annexer, ne saurait réussir toujours.

*
* *

La visite des mines de Hong-Haï présente un double intérêt : D'abord parce que Hong-Haï est un phénomène minier extraordinaire : un colossal charbonnage, exploité en carrière, à ciel ouvert; il existe, je crois bien, au monde, un seul exemple de cela, en plus petit, à Decazeville.

Puis, parce que ces mines sont la démonstration même de ce que peut devenir aux colonies une entreprise française bien menée.

Le premier établissement en ce point remonte à M. Bavier-Chauffour, parent de Jules Ferry contre qui l'initiative courageuse de notre compatriote fut alors exploitée par les partis avec une passion furieuse autant qu'injuste.

Notre éducation nationale en matière politique et économique s'est assurément améliorée depuis. Mais quel chemin lui reste à parcourir encore! Le devoir de chacun dans sa mesure et dans sa sphère est de s'efforcer de contribuer à la guider, à la former.

*
* *

Hong-Haï a son port, privé, d'où un train nous emmène vers les exploitations sous la conduite du directeur, M. Gallion, devenu « l'homme » de cette affaire, et qui veut bien nous servir de guide.

Les quelques données qui suivent offriront une idée de l'importance de Hong-Haï :

Les mines exportent actuellement 400 000 tonnes par an. Elles emploient jusqu'à 10 000 coolies, tant dans les carrières que dans les usines à briquettes; et comme ces gens sont tous des déracinés, Annamites ou Chinois, on peut dire que cette entreprise est le remède le plus efficace que l'on ait trouvé jusqu'ici contre la piraterie.

Le matériel, circulant sur une vingtaine de kilomètres de voie, comprend : 8 grosses locomotives, 3 petites, 5 grandes chaloupes-remorqueurs, 30 chalands, 8 grues fixes ou mobiles, un transporteur aérien. Un barrage a été établi pour l'alimentation du matériel en eau convenable.

Un atelier de mécanique et fonderie fort complet entretient tout cette machinerie.

Dans un coin de la menuiserie je remarque deux cercueils plombés, « en approvisionnement ». Dans ces affaires lointaines, il faut penser à tout...

Cinq centres sont actuellement en exploitation, certains sur un front d'un kilomètre. Un sixième à la « découverte » — c'est-à-dire à la mise à nu — duquel on travaille, et situé plus au nord, en un point appelé Gam-Bha, aura 1 800 mètres de front !

Le charbon de Hong-Haï est aujourd'hui demandé de tout l'Extrême-Orient où sa qualité, surtout lorsqu'il est livré mélangé, sous forme de briquettes, à du charbon japonais, lui assure une place distincte et privilégiée sur ce large marché.

*
* *

Il ne faudrait pas croire que le fait d'exploiter à l'air libre soit exempt de difficultés techniques. Le charbon affleure en masses énormes, mais irrégulièrement orientées et parfois recouvertes d'épaisses couches de terre. Le front, incliné, est attaqué par étages superposés, hauts chacun de 3 à 4 mètres et au nombre moyen de 12 à 15. Les plates-formes inférieures sont généralement, elles aussi, du charbon. Il faut donc évacuer les déblais sans risquer d'enfouir les couches à extraire dans l'avenir, ni nuire aux exploitations inférieures : problème souvent difficile, heureusement solutionné d'ailleurs, mais qui demande une attention constante de la part du service technique.

La main-d'œuvre exige également une organisation spéciale. Elle est payée à la tâche, par numéro. Il est rare qu'un coolie travaille les six jours de la semaine. Aussi deux coolies ou plusieurs ont-ils parfois le même numéro sur lequel ils sont pointés alternativement ; et c'est le numéro qui est payé à la fin de la semaine, sans qu'on ait souci de savoir combien d'hommes ont figuré dessus. Les détenteurs du numéro font la réparti-

tion entre eux, par les soins de leur chef d'équipe.
Voilà une solution de la question du chômage
depuis si longtemps controversée vainement en
Europe : solution à laquelle socialistes et socio-
logues n'ont assurément jamais pensé. Je la livre
à leurs méditations.

Une des règles les plus absolues dans l'emploi
de la main-d'œuvre indigène, annamite ou chinoise, est d'éviter le contact entre la direction
blanche et le travailleur. Ce sont des sous-trai-
tants, à la fois racoleurs et tâcherons, qui sont
chargés de ce soin. Nombre d'entreprises ont
échoué faute d'avoir connu ou observé ce judi-
cieux principe.

Comment, aussi, en présence de ces données,
ne pas s'émouvoir devant la dangereuse et rui-
neuse utopie de « certains coloniaux métropolitains » qui n'ont pas craint de préconiser l'application à la main-d'œuvre indigène de nos colonies
des lois ouvrières de France, déjà si discutables
parfois sur le terrain européen? Ces théoriciens
sont, au fond, de dangereux utopistes; et leur
intégrale ignorance de la pratique technique, de
l'emploi de la main-d'œuvre autochtone, voire
des colonies elles-mêmes, en un mot de tout ce
vaste et complexe domaine auquel ils consacrent
tant d'inopportune sollicitude, n'excuse pas de
semblables erreurs.

*
* *

Une des difficultés, encore, auxquelles se heurtent là-bas la plupart des entreprises est de fixer les travailleurs. A Hong-Haï, on s'y est employé, est-il besoin de le dire. L'instauration de cimetières, à faire adopter par les Chinois que l'on représente généralement voyageant avec leur cercueil, est une des solutions les plus efficaces en l'espèce. L'assistance médicale, fort bien organisée ici, en est une autre. L'état sanitaire est d'ailleurs généralement bon à Hong-Haï, en dépit du remuement des terres, si souvent pernicieux sous les climats chauds.

*
* *

Ces données, un peu spéciales peut-être, vous montrent quelle sûreté de vues, quel ordre, quel souci des détails doivent présider à la constitution et à l'exploitation d'une grande entreprise coloniale.

Or, ce qui est vrai pour les affaires privées, ne l'est pas moins pour les affaires publiques : Et ceci suffit à expliquer comment en ce dernier domaine, avec les constants changements de direction et la fâcheuse mais si humaine tendance

chez chaque nouvel arrivant à prendre le con-
trepied de l'œuvre accomplie par son prédécesseur, la valeur des personnes, le bon vouloir
qui sont, il faut le proclamer, la règle très générale ne donnent pas toujours, pas assez souvent,
des résultats correspondant à la somme d'efforts
individuels dépensés.

Ceci m'amène à signaler une fois de plus la
nécessité de la spécialisation des fonctionnaires,
voire celle des officiers, par colonie, suivant la
méthode adoptée par les Anglais en matière con-
sulaire et coloniale; méthode qui a valu à l'empire britannique, dans le monde entier, les résultats que l'on sait. Je reviendrai d'ailleurs par
la suite sur cet important sujet.

*
* *

Hong-Haï n'est pas, à beaucoup près, la seule
grande société minière du Tonkin. Kébao, ou
Port-Wallut, brigua un instant lui aussi d'être
le centre charbonnier de ces pays, et poursuit son
exploitation. La cimenterie d'Haïfong est une
affaire considérable et prospère.

De très importantes mines de calamine, récemment ouvertes à Bao-Lac, dans le Haut Tonkin, ont donné déjà de magnifiques résultats.

D'ailleurs, le Tonkin est aujourd'hui considéré
comme un futur champ minier de première im-

portance. On est tout aux mines, là-bas. Et, se pourrait-il bien, ce facteur nouveau est appelé dans un prochain avenir à procurer à notre belle colonie une incalculable valeur. Juste récompense de tant d'années de labeur soutenu et de foi dans les résultats.

*
* *

Que n'avons-nous, lorsqu'il nous était si facile de le faire, complété notre Empire Jaune par la grande île chinoise d'Haïnan, dépendance géographique du Tonkin? Haïnan est, il est vrai, défavorisée au point de vue maritime. Son unique port, Kiung-Chan, est médiocre. Mais elle était le complément naturel de notre conquête, comme elle en est un élément géographique, donc économique.

Notre diplomatie — elle, toujours! — dédaigna alors Haïnan. Ce fut une déplorable omission, bien difficilement réparable aujourd'hui.

En combien de points du monde ne pourrait-on pas constater de semblables erreurs de notre part?...

*
* *

Comme on ne se documente jamais trop, je cherchai, dans le récent ouvrage d'un réputé

académicien qui fit, voici peu de temps, un re-
tentissant voyage en Indochine quelques renseignements sur l'admirable essor économique, et,
surtout, minier, de notre colonie. Je n'y ai pas
découvert une ligne traitant ce sujet. Ce sont de
ces lacunes...

CHAPITRE XIII

La première fois que, débarquant dans le
« Versailles indochinois », comme on a baptisé
Hanoï non sans un peu d'ironie, j'avais demandé
ce que contenait le Palais « infléchi » de l'ancienne exposition, élevé près de la gare monu-
mentale où, mesure excellente imitée des Anglais et des Nord-Américains, une partie est
réservée aux Indigènes et l'autre aux Européens :
« Rien, m'avait-on dit. Un bric-à-brac insignifiant. Evitez le dérangement. »

Un jour, j'eus quelques heures à perdre. Je me
suis « dérangé » tout de même. Or ce Musée, dit
Agricole et Industriel du Tonkin — de l'Indochine
en réalité — est parmi les choses attachantes que
j'aurai vues au cours de mon voyage : tout simplement. Un collaborateur modeste et dévoué
de la colonisation, M. Crevost, a accompli là
une des œuvres les plus belles qui soient : non
seulement il a réuni dans le vaste hall tous les
produits naturels ou manufacturés que notre

colonie soit en état de produire, mais il s'est attelé à une tâche plus haute encore : celle de la création ou de la rénovation des industries familiales annamites. C'est là une entreprise d'une portée économique et sociale infiniment considérable si elle doit être poursuivie jusqu'au bout par des moyens adéquats.

Avec de trop modestes ressources, soutenu surtout par une foi d'apôtre, M. Crevost a formé déjà 3 000 artisans quand, hier encore, leur nombre était à peine de 1 000. Il est arrivé à transformer en trois ans l'industrie familiale de la magnanerie. Grâce à cette initiative, consacrée par la délivrance gratuite, aux éleveurs, de pontes sélectionnées fournies par les services économiques dirigés par le distingué savant M. Brenier, grâce aussi à une autre intervention, celle de la grande firme Delignon près de Qui-Nhon en Annam, la soie d'Indochine prend peu à peu et victorieusement sa place sur le marché mondial, en dépit de la concurrence chinoise et japonaise.

Cette industrie représente par excellence le travail familial en raison de sa rémunération répétée à courts intervalles.

Le coton du Cambodge d'où s'exportent à l'heure actuelle de 150 000 à 170 000 balles absorbées par le Japon est déjà recherché par le Lancashire ; il deviendra, si on sait encourager la culture de la précieuse malvacée, une des sources principales de richesse de l'Indochine. Nuls crédits ne seront plus judicieusement employés que ceux destinés à un si désirable objectif.

L'exploitation forestière, à laquelle l'inspecteur général des forêts, M. Ducamp, s'est consacré pendant de longues années avec une scientifique compétence, offre également un infini champ d'action.

Ce n'est pas tout, car la variété de ce que notre admirable colonie peut produire est extrême. Les graines oléagineuses, multiples, devraient entre autres y donner d'extraordinaires résultats, dont l'obtention dépend seulement de l'impulsion initiale.

De même l'Ouest de la Cochinchine et le Cambodge, régions à l'abri des redoutables typhons qui dévastent trop fréquemment la côte d'Annam, aborderont peu à peu, grâce à des initiatives suscitées, la culture du cocotier; on sait que le coprah, de plus en plus demandé, est aujourd'hui l'objet d'un trafic mondial énorme et à la veille d'un développement plus grand encore en Malaisie, en Insulinde et en Océanie.

On enseigne également à des élèves volontaires, dans ce musée qui est plutôt une école pratique, à sélectionner à la lumière les graines de riz; l'augmentation de rendement ainsi obtenue atteint jusqu'à 25 pour 100.

Dans un atelier de fortune, des Indigènes apprennent.la vermicellerie, tirée de la fécule de haricots.

D'autres, la vannerie, la cuivrerie, le dessin, la chapellerie; d'élégants casques, entre divers modèles, y sont fabriqués et commencent à se vendre en quantité.

Tous les « élèves » sont des volontaires auxquels une insignifiante rétribution assure seulement la nourriture.

Des ateliers ambulants de démonstration, notamment en ce qui concerne la vermicellerie, ont été créés et fonctionnent.

Ce n'est pas tout : l'hydraulique agricole, industrie familiale encore celle-là, est diffusée dans les campagnes d'après les méthodes rationnelles : 10 000 hectares ont déjà été ainsi rendus à la culture du riz. Or, on obtient, au Tonkin, deux récoltes, par an, contre une, plus abondante il est vrai, en Cochinchine.

En France, quand on parle des colonies, c'est le plus souvent pour en chercher les tares et les verrues. On donne tant de place aux critiques qu'il n'en reste plus, non pour l'éloge, mais pour la simple constatation des résultats acquis grâce au dévouement et au savoir de quelques-uns. Si cela n'était qu'injuste : mais combien rebutant aussi pour ceux qui peinent et qui luttent sur place, sans même toujours la satisfaction de voir leurs efforts reconnus, — que dis-je? connus

— de leurs compatriotes coloniaux eux-mêmes.

Combien de fois l'ai-je entendue, cette phrase :
« Ne vous donnez pas la peine d'aller voir ceci
ou cela : Sans intérêt... » L'injustice dans l'ignorance : Plaie universelle. De tous les temps,
hélas !

Hommage soit donc rendu à ceux des nôtres
dont le zèle passe outre aux déceptions et aux
rancœurs.

Les contempteurs deviennent vite, il est vrai,
des louangeurs platoniques lorsque le succès,
obtenu sans eux quand ce n'est pas malgré eux,
est la sanction de l'effort et du labeur des hommes
qui ont eu confiance en leur rôle, en leur mission.

*
* *

Cette industrie familiale, dont je viens de parler, est la base même de la production annamite
dans son ensemble. C'est pourquoi ce fut une
si fausse conception de la part de certains dirigeants de nos affaires coloniales, de penser que
notre Indochine pouvait se prêter, comme l'Algérie et la Tunisie, à la petite colonisation européenne. Comment l'Européen, sous un climat
peu propice pour lui au travail manuel en plein
air, pourrait-il concurrencer le paysan indigène
qui, lui, est sur son terrain, vit de peu sur une

terre morcelée à l'infini, dans des régions le plus souvent surpeuplées.

En ces pays les tentatives de petite colonisation étaient vouées à l'échec et n'y ont point manqué.

On en est revenu. On a compris que le domaine réservé à l'Européen est celui des grandes entreprises, agricoles, de transports, industrielles, minières; en un mot, des affaires exigeant des capitaux, des moyens d'action. Mais de la doctrine primitive, subsiste un élément déplorable : celui représenté dans ce prolétariat européen dont je dis ailleurs ce que je pense, par les infortunés héros de cette aventure; lamentables épaves de l'expérience, pauvres déracinés de la métropole, pour la plupart inutilisables ici. Ces gens sont peu, maintenant, heureusement. Ils sont encore trop. Et le fait qu'ils existent suffit à la condamnation du système.

Un mot encore, à propos des colons :

Le statut fiscal des Européens ou des étrangers fixés en Indochine donne lieu à une croyance courante dans la métropole, et qui consiste à penser que les colons y sont dispensés de toutes charges d'impositions, celles-ci devant peser uniquement sur l'Indigène. Il n'en va pas ainsi. Le colon paie l'impôt foncier et la patente. Seule la taxe personnelle, appliquée à l'Indigène et représentative des autres taxes non payées par lui, ne l'est pas au colon.

Ceci dit simplement pour mettre au point un sujet qui a donné lieu à certaines philippiques, encore présentes à toutes les mémoires.

*
* *

Puisque je parle du fisc, il me faut signaler une organisation en vigueur ici, et qui m'a paru des plus judicieuses en même temps que des plus économiques : le receveur municipal y cumule ses fonctions avec celles de percepteur. Voilà une réforme à effectuer en France, au seul dam de quelques gros sinécuristes dont le sort nous chaut peu à nous, simples contribuables que nous sommes.

CHAPITRE XIV

« Allez visiter Djiring et le Lang-Bian, dans les montagnes méridionales de l'Annam, nous avait-on dit. Vous verrez là une des plus belles parties, des moins couramment fréquentées de l'Indochine. Et vous ne regretterez pas votre voyage. »

Avec cette bonne grâce, cet empressement, cet entrain qui rendent les coloniaux si sympathiques à qui les a vus sur leur terrain, dans leur cadre, on nous avait tracé un itinéraire, remis les lettres d'introduction nécessaires : tout fait, en un mot, afin de nous faciliter cette randonnée qui devait se terminer par un retour sur Dalat, Cam-Ranh, — où nous savions avoir le plaisir de voir le marquis de Barthelemy, une des physionomies les plus connues de l'Indochine — pour retrouver à Phan-Rang le paquebot devant nous conduire à Tourane.

Programme séduisant, que les circonstances nous empêchèrent malheureusement, par la suite, d'exécuter en entier.

Nous voici donc partis, équipés, non plus pour la vie mondaine de Saïgon, mais pour la brousse. Route déjà vue jusqu'à Xuan-Loc. Un détail : les trains ne marchent pas la nuit. En six heures, nous serons à Phan-Tiet : 190 kilomètres. Bonne vitesse pour une voie d'un mètre. Après avoir quitté la plaine, couverte de rizières et de plantations d'aréquiers, la ligne arrive sur le plateau à travers la forêt. Ce railway est, je le rappelle, l'amorce du futur Transindochinois. On résolut au début de ne pas suivre la côte pourtant très peuplée, et à 12 kilomètres seulement de laquelle passe par endroits le tracé. Peut-être fut-ce alors un tort, excusé par une bien précaire raison stratégique et par le fait que l'on restait sur les terrains domaniaux, évitant ainsi les expropriations : le hasard de la découverte et l'exploitation des Terres Rouges justifieront par la suite ce que cette conception initiale eut de discutable.

Au fur et à mesure que nous remontons vers le Nord, la forêt se clairsème. Pendant assez longtemps nous traversons un curieux pays inculte, couvert de lataniers géants, hauts comme des arbres et du plus particulier effet. Puis, de nouveau, des rizières. A Muong-Man, bifurcation sur Phan-Tiet, encore distant de 12 kilomètres. On ne s'explique pas, en vérité, pourquoi cette aggravation de dépenses et cette complication d'exploitation, quand il eût été si facile et si rationnel de faire passer par Phan-Tiet la ligne qui, de là, suivant le tracé de la route mandarine, eût repris son parcours en traversant une région habitée et retrouvé le tracé actuel vers Long-Than et le Song-Luy.

Les trains devaient parvenir l'année suivante au secteur venant de Phan-Rang, établissant ainsi un important tronçon de 320 kilomètres environ depuis Saïgon. D'ailleurs, sous l'empire de préoccupations budgétaires et par le fait des changements successifs de direction en les destinées de l'Indochine, ni l'esprit de suite, ni la sûreté d'exécution ne se décèlent dans l'instauration du Transindochinois. On a procédé là par tronçons, sans lien entre eux, donc infiniment moins productifs et d'un coût d'établissement singulièrement aggravé. Plus tard le rail reliera Saïgon-Phan-Tiet-Nha-Trang, 405 kilomètres.

Est-ce à dire que l'ensemble de ce réseau, sans prétendre aux 25 000 francs annuels de recette kilométrique du Saïgon-Cholen, ne paiera pas? Non, certes, puisqu'il paie déjà.

Par contre, une bien regrettable lacune, sans doute imposée actuellement par les nécessités financières, fait que rien n'est prévu entre Nha-Trang et Tourane. C'est donc pour un temps indéterminé une solution de continuité sur 500 kilomètres.

Bien pis : sous l'empire d'une de ces conceptions déconcertantes qu'accusent parfois nos méthodes coloniales, n'a-t-on pas songé un moment

à abandonner le tronçon déjà construit au delà
de Phan-Tiet, de Phan-Rang à Xomgan : 38 kilomètres terminés, et sur lesquels, la pose des rails
seule restait à effectuer ?..... Le Comité du commerce et de l'industrie de l'Indochine fit entendre
à ce sujet une vigoureuse protestation et observa
combien il était contraire à l'intérêt de la colonie
d'avoir repoussé du projet d'emprunt, pour une
dépense de 200 000 francs, l'achèvement de cette
ligne. Satisfaction a d'ailleurs été donnée par le
gouvernement général à une demande si justifiée.

En outre, il a été décidé que la route de Phan-
Tiet à Djiring sera aménagée à sa largeur normale, empierrée et que des ouvrages d'art défi-
nitifs seront construits; les bungalows seront
améliorés.

Un service automobile serait même créé par la
suite.

De plus, la route de Djiring à Dalat et la route
de Dalat à Daban doivent être améliorées progressivement à l'aide des ressources que procure
la prestation des Moïs, laquelle a déjà permis
l'exécution de la route de Phan-Tiet à Djiring.

Enfin les stations sanitaires projetées à Djiring
et Dalat doivent être assimilées, au point de vue
des avantages accordés aux fonctionnaires ayant
une solde inférieure ou égale à 5 000 francs, aux
plages de Doson, Samson, Cap Saint-Jacques et à
la station de Chapa.

Tout cet ensemble est en projet ou à exécuter,

bien entendu. Mais le principe en est admis. Et cela est déjà important.

Voici donc ainsi tranchée, sous les quelques réserves que j'ai cru pouvoir exprimer d'autre part, cette vieille question de l'accès au pays choisi pour le futur sanatorium indochinois : cette institution dont on peut être surpris qu'il ait fallu tant de temps pour la réaliser alors qu'aucun obstacle sérieux ne s'opposait à une solution et que sa nécessité était depuis des années démontrée par ce qui a été fait en cet ordre d'idées dans toutes les grandes colonies étrangères voisines.

*
* *

Vient ensuite le tronçon Tourane-Hué-Dongha, 170 kilomètres.

Puis Dongha-Vinh en projet de construction sur le récent emprunt, 330 kilomètres.

Enfin Vinh-Hanoï, 400 kilomètres, en raccordement à ce point avec le chemin de fer du Yunnan.

Tout cet admirable réseau plus favorisé que celui de notre Afrique du Nord, lequel représente sous ce rapport une gageure au bon sens économique, est à écartement uniforme.

*
* *

Ainsi, la situation actuelle du travail colossal qui doit doter notre empire asiatique d'un magnifique instrument de puissance et de prospérité, de ce Transindochinois que nous pourrons un jour comparer avec une légitime fierté au Transcaucasien et à quelques autres entreprises étrangères de grande envergure, se résume ainsi : Le Transindochinois serait bientôt achevé, si, par cet amour incompréhensible des demi-mesures qui caractérise notre mentalité de Latins, nous ne laissions entre ces deux tronçons essentiels un vide de 500 kilomètres sur 1 800. Agir ainsi, c'est de notre part, sinon frapper entièrement de stérilité, du moins amoindrir singulièrement dans ses résultats comme dans sa portée l'œuvre colossale entreprise.

Le fait est d'autant plus à déplorer que ces 500 kilomètres traversent le Centre-Annam, les provinces de Phu-Yen, Binh-Dinh, Quang-Ngai et Quang-Nam, réservoir d'hommes de l'Indochine, régions dont la surpopulation alla parfois jusqu'à la crise de famine, et d'où la Cochinchine et le Sud-Annam eussent pu tirer la main-d'œuvre chaque jour rendue davantage nécessaire par leur prospérité croissante ; populations laborieuses, d'autant plus aptes à répondre aux besoins de

cette fraction de notre Indochine que leur tempérament, comme leur race, les éloignent du
Nord et tendent à les pousser vers le Sud.

Les Yankees et les Anglais, qui s'y connaissent
en matière de pays neufs — neufs pour le colonisateur — ont adopté une tout autre méthode :
le rail précède leur action. Nous gagnerions à
nous inspirer de ce mode, que nous n'avons pas
su même appliquer dès nos débuts au Maroc, où
il nous eût épargné tant de vies et tant d'or.

CHAPITRE XV

Nos colonies ne sont pas encore assez connues en France : C'est là, comme il est dit dans l'Introduction, une vérité à laquelle s'efforce précisément de parer le modeste effort de cet ouvrage. Les littérateurs coloniaux, trop volontiers amis du roman ou de la fantaisie, ne se sont pas suffisamment attachés à nous donner une représentation exacte du magnifique travail accompli par notre pays en tant de points du globe.

On a beaucoup écrit sur l'Indochine. Grâce à Pierre Loti et à quelques autres écrivains, la magnificence d'Angkor est maintenant moins ignorée au dehors. On y sait peu de chose des tombeaux de Hué, autre beauté, et moins encore de la baie d'Along, splendeur de la nature.

Et c'est tout. Je ne sache pas qu'on ait guère rien publié de concret sur l'art précieux de l'Indochine. Point davantage cherché à lui créer un débouché en France, où l'on en est resté sous ce rapport aux chinoiseries et aux japonaiseries, importées par de puissantes firmes spécialisées.

Ce pour quoi celles-ci auront d'ici peu d'années un champ singulièrement restreint, avec l'abandon des vieilles industries et l'iconoclastie qui sévissent en Chine depuis la révolution et la rapide absorption du Japon par l'industrialisme occidental.

Cette indifférence pour l'art indochinois a une autre raison, qu'il faut dire aussi : c'est que rien n'a été tenté jusqu'ici, pas plus là-bas qu'en France, pour faire connaître hors de notre Empire Jaune cet art, dont les manifestations sont parfois délicieuses et toujours si intéressantes. A Saïgon, qui est une grande ville en même temps qu'une escale importante sur la route d'Extrême-Orient, on chercherait en vain un magasin, sauf quelques échoppes ignorées, où soient offerts les produits artistiques de la colonie. A Haïfong, autre centre important, à Hanoï, la capitale du Nord, il en va de même : si bien que l'on peut avoir voyagé en Indochine sans se douter, si l'on ne s'applique pas à les rechercher, des charmantes productions que pourrait y offrir à l'acquéreur l'art indigène.

*
*　*

Une circonstance heureuse et rare me permit d'admirer l'art ancien de ce pays : c'était à Hué, où l'on avait profité de la réunion du Conseil du

Gouvernement pour assembler, en une exposition installée dans une des grandes salles du Palais impérial, tout ce qu'on avait pu trouver, dans des collections privées ou chez de grandes familles annamites, d'objets anciens de toute nature : jades, incrustations, bronzes, armes, bijoux, broderies, laques, étoffes, meubles, paravents, statues bouddhiques, céramiques et poteries, ivoire travaillé; et maintes autres choses encore.

Ce fut un enchantement et une surprise. Mêlée de regret aussi, car tout, ou presque tout cela était prêté et non à acquérir. J'ai souvenir de certain grand paravent, en soie noire ornée de gros caractères de jade vert : une merveille... Je dus, pour me consoler de ne pouvoir l'avoir, me rabattre sur un gros coffret de bois précieux, incrusté de dessins de nacre à voir à la loupe, et qu'il me fut donné d'acheter : une autre merveille. Mais, ce paravent!...

Cette exhibition fut certes intéressante, profondément : comme l'est le musée d'Hanoï, où l'École d'Extrême-Orient a réuni une collection d'art extrême-oriental du passé comme il n'en existe peut-être nulle part ailleurs.

Mais ce n'est point de cela que je veux vous entretenir ici : je veux vous entretenir de toute cette production artistique qui existe et se crée chaque jour; nul, ou presque, ne la connaît, même là-bas; cependant, présentée au public d'Europe et d'Amérique, elle se créerait vite une place de premier ordre, entre ce qui nous vient encore de la Chine et du Japon. Je vous parle ici de cet art toujours vivant, certes, mais dont la renaissance et le débouché extérieur sont à susciter, fût-ce pour la seule rénovation de tant d'industries familiales, si intéressantes à tous égards.

Telle petite boîte, d'un dessin si pur, d'un détail si poussé, faite de métaux précieux, argent et or, vient de la province de Sadec, en Cochinchine. On n'en trouverait guère à Saïgon, tout proche de Sadec cependant, d'autres échantillons que quelques rares spécimens, entre les mains d'amateurs.

Et cette broderie, faite de fines perles de verre : il faut des mains et une patience asiatiques pour mener à bien un tel travail. Une école professionnelle a repris la tradition de ces ouvrages et s'applique à les ressusciter.

Voici d'autres broderies de soie : l'une, un tableau, dans le sens exact du mot, représente un combat de coqs. L'art du brodeur ne saurait être plus poussé ; nul peintre n'a harmonisé plus vives couleurs. Cela vaut intrinsèquement une grosse somme et se vend pour peu de chose, car le débit est demeuré restreint.

Non loin de Mytho une pagode se construit. Et, tout près, le sculpteur sur bois, le laqueur, le doreur ont édifié leur atelier, d'où, une à une, les pièces finies vont prendre place dans le joli monument qui peu à peu, tout contre, s'achève : témoignage de la vitalité d'art millénaire chez nos sujets asiatiques.

Plus modestes mais combien charmants sont des coffrets de laque rouge et or, de formes parfaites, ingénieusement compartimentés : sans valeur dans le pays, et d'un usage courant.

Et ces bronzes du Tonkin, si sobres dans leurs lignes toujours harmonieuses ; modestes objets là-bas, dont beaucoup mériteraient chez nous les honneurs de la vitrine.

On trouve en Indochine quelques bien jolis jades sculptés. Mais je ne suis pas sûr qu'ils ne viennent point de Chine, où le jade demeure une des matières préférées des artistes.

Des armes, on en déniche encore. Bien rarement, car, en Indochine comme partout, les fusils de munition et les sabres-baïonnettes ont remplacé l'arsenal antique des armures, des lances, des boucliers, des sabres que portaient les guerriers d'autrefois.

Donc, je n'ai pas vu d'armes très remarquables, et cela fut un peu une déception. On n'en fabrique plus en Extrême-Orient, voilà longtemps déjà, mais, depuis des années, les musées, les magasins, les bazars d'Europe, eux-mêmes, en regorgent. J'en conclus que la source, à force d'y puiser, est tarie comme le sera quelque jour prochain celle des autres productions artistiques de ce pays ; à moins qu'une éducation suivie, et d'ailleurs entreprise en quelques écoles spéciales dans un louable esprit par les Pouvoirs publics, ainsi que la création de débouchés rémunérateurs n'y restaurent définitivement les différentes branches dans lesquelles se sont exercées pendant des siècles les facultés créatrices de cette race si bien douée.

J'ai contemplé cependant une arme magnifique, unique, admirable d'exécution et vénérable à contempler : l'épée des souverains khmers, pieusement conservée à Pnom-Penh. C'est un grand glaive, à la poignée d'or minutieusement ciselée, à la lame enfermée dans un fourreau d'or, travaillé avec une finesse presque déconcertante et enrichi d'ornements. Ce glaive personnifie la puissance et le génie de ceux qui ont édifié les beautés des temples d'Angkor.

Le Cambodge et Pnom-Penh sont bien, au demeurant, la région de notre Indochine où ceux qu'émeut l'expression de l'art éprouvent les sensations les plus vives. Art très à part, d'ailleurs, et n'ayant avec celui de l'Annam aucune ressemblance, aucune affinité même : autant qu'un Cambodgien diffère physiquement d'un Annamite.

Les palais, les temples cambodgiens ont leur caractère propre, et l'expression la plus élevée en est la Pagode d'Argent, à Pnom-Penh. Le goût du faste a survécu chez les souverains de ce pays, à la chute de leur puissance : le sarcophage, moderne il est vrai, tout en or ciselé, de feu le roi Noroddom a coûté, assure-t-on, un million! Je rapporte le chiffre sans le garantir.

Les plus méritoires efforts sont faits par la Résidence Supérieure de Pnom-Penh pour provoquer, dans ses différentes manifestations, la renaissance artistique du Cambodge. Dans des écoles nouvellement instituées, la peinture sur terre cuite, si intéressante et particulière à ce pays, la sculpture sur ivoire, la statuaire en bronze, la broderie, — surtout la broderie de métal précieux sur fond de velours, — sont enseignées d'après les traditions anciennes. Toute une jeune génération se forme, qui d'ici peu d'années rendra à l'art cambodgien son incomparable éclat d'antan, comme l'ont possédé les peuples du Laos, voisin et si riche, lui aussi, en impressionnants vestiges du passé.

Mais là, peut-être, où le sens artistique de la race cambodgienne est resté le plus pur, c'est dans la fabrication du « sampot ».

Le sampot est une longue bande d'étoffe qui, ingénieusement pliée autour de la ceinture et des jambes, constitue, pour les hommes comme pour les femmes, la partie inférieure du vêtement national. Tissé à la main, fait de soie et d'or pour les pièces riches, d'une infinie variété de couleurs et de composition, le sampot est assurément la plus probante expression du sens artistique chez ce peuple attachant, et dont le glorieux passé se retrouve dans les spectacles que l'on donne au palais du roi, lors des solennités : contes mimés, figuration des vieilles légendes de jadis, accompagnées de musique, jouées par des danseuses revêtues d'inimitables costumes « cousus » sur elles.

Le théâtre annamite, occasion d'exhibition de riches costumes lui aussi, est moins original, en ce qu'il se rapproche davantage du théâtre chinois.

Les statues bouddhiques représentent également, quoique à un degré inférieur à ce qu'on trouve sous ce rapport en Chine et au Japon, une des formes de l'art annamite. Certains spécimens sont cependant fort remarquables, quelques-uns de premier ordre : tel celui que l'on montre à la Pagode de Confucius, à Hué.

La plus haute sensation d'art se retrouve encore dans les tombeaux des empereurs, disséminés dans la périphérie de la capitale de l'Annam. Ici, ce n'est plus en la conception ni en l'exécution des monuments qu'elle se décèle, mais bien dans l'harmonie et la perspective de ces cités mortuaires, pour chacune desquelles le cadre, entouré de montagnes et de forêts, a été choisi dans une note mélancolique, d'une impression profonde : sensation que l'on ressent à un degré égal près de Tourane, aux Montagnes de Marbre, blocs énormes de rocs percés de grottes transformées en pagodes, où l'ensemble, par la combinaison ingénieuse de la nature et de la décoration, procure un inimitable effet de grâce et de beauté.

*
* *

Ce sens de la beauté, les Indochinois l'ont possédé à un degré élevé. Il était seulement en sommeil : comme s'assoupit une antique civilisation longtemps repliée sur elle-même. Notre venue le réveille et cela seul justifierait presque le bienfait de notre présence pour ces races auxquelles nous apportons un sort meilleur, en dépit de ce que clament certains détracteurs empreints de parti pris et de passion.

Le jour où cet art sera connu en Europe, en Nord-Amérique, il se placera d'emblée au premier rang des productions orientales : sa vogue est faite d'avance. Elle sera, pour ces peuples, une source nouvelle de richesse.

Il s'agit donc de le faire connaître : ce pour

quoi les moyens sont connus, car leur application
est d'ordre commercial courant.

Nous devons à notre incomparable Indochine
de faire cet effort. La Ligue Coloniale Française
allait le tenter quand la guerre éclata; il sera
repris.

CHAPITRE XVI

Dans l'immense mouvement touristique qui, de nos jours, a transformé tant de régions du globe où il représente un facteur économique de première importance, notre empire colonial, l'Algérie et la Tunisie exceptées, a tenu jusqu'ici une place effacée.

Le fait est plus spécialement frappant en Indochine, où il revêt un véritable caractère de lacune économique.

Quelques précisions sont nécessaires à l'appui de cette assertion :

L'Indochine est située dans une partie du monde où l'intensité touristique est considérable, affirmée par les chiffres ci-dessous cités et qui sont puisés aux sources les plus directes et les plus dignes de foi.

Par un phénomène assez explicable et qu'il importe de noter au préalable, le Transsibérien, loin d'être une concurrence aux Compagnies de navigation et de nuire au tourisme dans le Sud-

Ouest asiatique, l'a au contraire favorisé : cela est aujourd'hui matériellement constaté. La voie nouvelle a en effet permis aux voyageurs en Extrême-Orient d'accomplir le tour de l'Asie Orientale sans l'obligation de refaire la route par mer.

Aux époques normales le Japon reçoit annuellement environ 20 000 touristes; Java, 8 000; les Philippines, 4 000.

A ces chiffres, il convient d'ajouter, comme susceptible d'être intéressée et attirée par l'Indochine, une fraction des 25 000 touristes qui chaque année pérégrinent aux Indes.

Or, en présence de ces données, on éprouve quelque confusion à avouer que le nombre des visiteurs qu'a annuellement reçus l'Indochine en ces dernières années n'a jamais dépassé 150 !

Ce chiffre à lui seul suffit à caractériser la faiblesse de l'effort accompli dans le domaine qui nous occupe ici ; de même qu'il montre l'importance et l'étendue du programme à réaliser.

Le Japon est un pays dont les charmes et les curiosités sont célèbres, mais indiscutablement inférieures à celles de l'Indochine; Java, où il y a en réalité bien moins à voir que l'affirme une publicité remarquablement établie, ne saurait davantage, à aucun point de vue, supporter la comparaison avec notre colonie.

Les Philippines attirent 4 000 touristes ; ce sont, exclusivement, des citoyens américains désireux de connaître la nouvelle colonie de l'Union.

Quant aux Indes, il s'agit là d'un courant depuis longtemps établi, recruté dans une clientèle mondiale pour laquelle ce voyage est en quelque sorte classique.

Ce qui saute aux yeux c'est que si dans cette activité considérable il faut admettre que les mêmes participants sont comptés plusieurs fois, car nombreux sont évidemment ceux qui figurent dans les statistiques des différents pays en une seule randonnée d'ensemble, par contre ces touristes gravitent autour de l'Indochine, passent à proximité de ses côtes, séjournent à Singapore et à Hong-Kong sans que notre colonie ait éprouvé jusqu'ici dans une mesure quelconque le bienfaisant contre-coup de ce mouvement.

La raison de cet état de choses n'est pas difficile à trouver : il tient simplement à ce que nul ne s'est avisé jusqu'ici, ni dans notre monde colonial, ni dans la Métropole, du choquant contraste existant sous ce rapport entre notre Possession et les pays qui l'avoisinent; et pas davantage de l'indifférence, de la méconnaissance dont l'une est l'objet de la part de la clientèle internationale, en regard de la vogue extrême dont bénéficient les seconds.

On peut cependant l'affirmer : nul pays plus que notre Indochine ne possède, réunies dans une même contrée, autant de beautés architecturales, artistiques et naturelles : beautés rendues plus remarquables encore par le fait qu'elles sont, chacune dans son genre, uniques au monde. Elles répondent donc d'une façon absolue et tout à fait opportune au fameux « Best in the world » si cher aux Américains, et qui justifie avant tout à leurs yeux la nature et la valeur d'une attraction.

Si nos rivaux, en ces domaines, sont arrivés à d'aussi remarquables résultats alors que nous en restions à la période initiale, cela tient simplement à ce qu'on s'est préoccupé depuis d'assez longues années, au dehors, de tirer un parti pratique et profitable du facteur de richesse représenté par l'industrie touristique. Chez nous, au contraire, cette préoccupation n'est pas née ; on a été fort longtemps et pour ainsi dire jusqu'aux tout derniers temps qui ont précédé la guerre, sans se douter de la valeur d'un semblable élément ; on l'a négligé, tandis que d'autres, à la porte même de notre Empire asiatique, en tiraient un merveilleux parti.

Ces résultats ainsi obtenus par eux ne sont pas, plus que pour personne en quelque ordre d'idées que ce soit, venus tout seuls : ni au Japon, ni à Java, ni aux Philippines.

Là, on a organisé le tourisme rationnellement, scientifiquement en quelque sorte : on a su en faire une puissante industrie d'État.

Tandis qu'on aménageait le pays pour recevoir l'afflux des visiteurs étrangers, on se préoccupait de provoquer leur venue.

Une publicité admirablement bien faite, établie en permanence partout où elle pouvait toucher le visiteur éventuel, était lancée.

Tout cela mis sur pied, avec quelques dépenses évidemment, mais infiniment inférieures en somme à celles que l'on pourrait supposer.

On chercherait en vain, de notre côté, l'équivalent d'une semblable initiative.

Et si l'Indochine peut seulement aligner ses 150 visiteurs annuels en regard des quelque 50 000 qui parcourent les pays limitrophes, c'est tout simplement parce que ni en France, ni dans la colonie, on ne s'est mis en peine de faire connaître à cette énorme clientèle les beautés que pouvait lui offrir notre domaine asiatique, pas plus que de le mettre en état de recevoir le mouvement ainsi créé.

Un fait bien typique et que j'ai personnellement constaté démontre le bien-fondé de cette assertion : on rechercherait en vain la plus petite indication sur l'Indochine dans aucune des multiples et importantes Agences que possèdent dans le monde entier des maisons telles que Cook and C° ou la grande firme américaine Raymond et Witcome.

*
* *

Un trait à ce propos :

Dans le hall de la Banque de l'Indochine à Saïgon une pile de brochures est mise à la disposition
du public. Je compulse, par désœuvrement autant
que par curiosité, en attendant la fin de l'opération pour laquelle je suis venu. C'est de la publicité, fort bien comprise d'ailleurs, en faveur de
Chicago, de Santa-Fé, de la Californie. Une publication notamment, de la Pacific Mail, engage
les globe-trotters à visiter Manille, Honolulu, la
Russie, le Japon, la Chine, Java et l'Inde. Pas un
mot de notre incomparable Indochine devant laquelle il faut cependant passer pour effectuer
plusieurs de ces parcours! Elle est ignorée. Pas
davantage trace du bel album, distribué gratuitement et consacré à l'Indochine par le Touring-
Club, qui a dépensé pour cet objet une grosse
somme, avec l'appui de la colonie d'ailleurs.

J'en fais la remarque à un monsieur de l'administration, lequel en semble si surpris que j'estime tout à fait inutile d'insister.

Cependant, aussi longtemps que l'Indochine
ne sera pas entrée dans les pays classés par
l'industrie spéciale comme centres de tourisme
international, on n'y viendra pas. Et tant qu'on
n'aura pas à un plus haut degré chez nous le

sens de la publicité en matière d'intérêts généraux, notre domaine colonial demeurera exclu
de ce mouvement.

Cercle extrêmement vicieux.

Il nous faudra bien pourtant en sortir, si nous
voulons tirer enfin plein parti des richesses que
notre action coloniale nous a dévolues.

*
* *

Au surplus, on doit ne pas se dissimuler à
quel point la mentalité générale dans les milieux
coloniaux français est étrangère aux données
les plus élémentaires de ce qu'est le tourisme
envisagé comme facteur économique. C'est tout
juste si le qualificatif de touriste, c'est-à-dire
d'individualité voyageant sans y être obligée pro-
fessionnellement, ne comporte point aux yeux de
beaucoup de coloniaux une certaine « capitis
diminutio » alliée à une inaptitude de voir et
de juger. Je ne pense pas sans amusement au
nombre de fois que j'ai entendu, de gens cependant intelligents, cette réflexion baroque : «Quoi?
vous voyagez pour votre agrément? Rien ne vous
y force?... » Et mon interlocuteur de me regarder
avec des yeux ronds, ahuris, comme pour bien
s'assurer que je n'avais pas deux têtes, tel le
veau bien connu.

Du temps de Montesquieu, on disait : « Monsieur est Persan ! Comment peut-on être Persan ?...»

Il n'est pas passé depuis sous les ponts autant d'eau que l'affirment certains...

*
* *

Le jour où l'on voudra aborder pratiquement et sur une échelle généralisée l'exploitation touristique de l'Indochine, le premier problème qui se posera sera, exception faite de quelques points où elle existe sur un pied, excellent ici, suffisant là, celui de l'industrie hôtelière.

En effet, non seulement l'industrie hôtelière est la base de l'exploitation touristique d'un pays, mais son rôle est si important qu'il peut en certains cas, — et les exemples de ceux-ci ne manquent pas, surtout au dehors, — comporter l'intervention matérielle et le contrôle étatistes, quelque répugnance que l'on soit en droit de professer à l'égard de l'étatisme en général.

Dans un ensemble de mise en valeur touristique intéressant toute une contrée, les différents centres d'exploitation hôtelière forment un tout dont les divers éléments sont solidaires. Si telle partie est insuffisamment dotée sous le rapport hôtelier, cette infériorité se répercute sur les autres parties de ce pays.

« Cette chambre est sale, disait à un hôtelier indochinois, une exception m'empressé-je d'ajouter, un touriste de ma connaissance.

— Et après?... repartit sans sourciller l'hôtelier. D'autres y ont bien couché, et n'en sont pas morts!... »

Vous ne me taxerez pas d'exagération si je vous assure que ce touriste n'eut plus qu'un désir : filer, sans en voir davantage, d'un lieu où le respect dû au visiteur libre était conçu de si singulière façon. Il est douteux que, par contre-coup, celui-là soit devenu un très chaud propagandiste de notre Indochine.

D'ailleurs en ce domaine la démonstration est faite par la Corse, pays superbe entre tous, à deux pas de la partie de l'Europe où se condense chaque année pendant plusieurs mois le tourisme continental; cependant, en dépit de deux ou trois points convenablement pourvus au point de vue hôtelier, on n'a pu arriver à faire démarrer jusqu'ici le grand mouvement touristique qui serait cependant la fortune de l'Ile Parfumée.

Un jour, échoué en un patelin de la montagne corse, je demandais à l'hôtesse quelques indications de topographie privée :

« Eh bien! Et la fenêtre?... » repartit le plus naturellement du monde cette honorable dame, en me montrant le torrent qui coulait au pied. J'en ris. Et j'eus tort, car ces mêmes traits, assurément répétés, ont annihilé en partie tous les efforts faits, notamment par le Touring-Club, en vue de doter notre merveilleux département insulaire des éléments de prospérité que porte en soi le tourisme.

La beauté de l'Indochine.

L'Indochine, viens-je de dire, est le pays du monde renfermant les plus admirables, les plus inégalables beautés.

Celles-ci, grâce à l'effort récent fait en ces toutes dernières années par le Touring-Club, commencent seulement à être soupçonnées. Il n'est point inopportun de rappeler ici leur caractère et leur valeur :

Saïgon, la belle cité, centre de notre rayonnement en Extrême-Orient.

Pnom-Penh, avec ses palais, ses temples et son caractère.

La vaste région d'Angkor, dont les magnifiques monuments constituent, en un ensemble plein d'art et de majesté, une splendeur dont on chercherait en vain, même aux Indes, l'équivalent.

L'accès d'Angkor lorsque j'y fus devait être, convient-il d'ajouter, grandement facilité par le prolongement jusqu'au Grand Lac de la route Angkor-Siem Reap.

Le service public automobile actuel pourra

donc dès ce moment fonctionner directement entre Angkor et le Grand Lac.

Une vedette à moteur desservira le trajet entre le mouillage du vapeur et la tête-de-ligne du service automobile.

Nous voici déjà bien loin, on le voit, des conditions du voyage aux Ruines tel que l'a décrit Pierre Loti dans son *Pèlerin d'Angkor* et ici M. Le Myre de Vilers dans la préface.

Puis, c'est, pour ceux que ne limite point le temps, le Laos, qui lui aussi renferme avec de nombreux et beaux monuments, en la grandeur de la forêt tropicale, les splendides chutes du Khône. Le Laos, à lui seul, serait digne d'attirer l'élite des globe-trotters du monde entier.

C'est encore l'Annam et ses montagnes, déroulant aux yeux du visiteur tant d'inoubliables tableaux, dont le caractère s'accentue de la présence d'une grande faune, comme en possèdent peu de contrées.

Hué avec ses tombeaux, majesté sereine en un cadre de hautes collines boisées, laisse à ceux qui ont vu cela un souvenir ineffaçable; sa curieuse Pagode de Confucius, le col des Nuages, les Montagnes de Marbre complètent en cette partie de notre colonie un rare ensemble d'objectifs touristiques.

Enfin, la baie d'Along, merveille de la nature, sans équivalent dans le monde, et dont le spectacle est écrasant de grandiose sévérité.

Haïphong, cité maritime, surgie des marais du Delta.

Hanoï, la capitale du Nord, si intéressante à visiter, avec son importante agglomération indigène juxtaposée à la belle et nouvelle ville française.

Le chemin de fer du Yunnan, enfin, œuvre extraordinaire, née de la politique impériale d'une grande nation telle que la nôtre, chef-d'œuvre de l'art de l'ingénieur triomphant de toutes les difficultés. Ce parcours aussi représente une valeur touristique de tout premier ordre, tant par l'impressionnante succession de sites qui s'offrent au voyageur tout le long de cet invraisemblable tracé, que par la variété des pays qu'il traverse pour aboutir en trois jours à la vieille cité chinoise de Yunnan-Sen hier encore mystérieuse, si remplie de cachet et de curiosité.

Organisation touristique de l'Indochine.

La situation actuelle de l'Extrême-Orient, envisagée au point de vue qui nous occupe ici, se résume donc ainsi : l'Indochine, cependant supérieure en richesses touristiques, se voit exclue du mouvement touristique en présence de pays voisins inférieurs à elle sous ce rapport et parvenus, eux, cependant, à tirer de ce même facteur une source de prospérité définitivement assise.

D'une semblable constatation, la déduction s'impose d'elle-même : l'Indochine arrivera aux résultats obtenus par ses rivales en adoptant leurs méthodes.

Mais là le problème se dédouble en deux ordres d'idées distincts :

D'une part, l'organisation de l'Indochine en vue de la réception du mouvement touristique; d'autre part, l'adduction de celui-ci vers les régions ainsi aménagées.

Ce sont ces deux faces de la question que je m'efforcerai d'analyser successivement.

*
* *

Une question préjudicielle se pose tout naturellement : L'Indochine sera-t-elle en mesure de recevoir l'afflux provoqué des touristes?

Pour qu'il en soit ainsi, il importe que l'Indochine assure à ses visiteurs les mêmes conditions de confortable et d'aménagement que celles trouvées dans les pays extrême-orientaux, ses concurrents en l'espèce.

L'Indochine, il faut bien le dire, n'en est pas encore à cette phase de son organisation.

Saïgon seul pourrait actuellement répondre à un mouvement touristique de quelque importance.

Hanoï y parviendrait rapidement, au prix d'un léger effort.

Angkor, déjà aménagé, peut servir de modèle à ce que l'on concevrait comme organisation-type à instaurer partout où l'industrie hôtelière n'est pas encore en état de satisfaire aux besoins.

Quant aux moyens de transport considérés sous le rapport touristique, ils ne sauraient certes prétendre encore à la perfection. Ils existent cependant là-bas dans des conditions telles que l'on puisse, avec ce qu'ils représentent à cette heure et la mise au point des services fluviaux, envisager l'organisation d'un service d'ensemble tout à fait satisfaisant.

En un mot les éléments primordiaux sont créés ; il suffit de les développer, de les étendre et sur-tout de les coordonner en vue d'arriver à la capacité de réception d'un coefficient déterminé de touristes.

Ceci m'amène à examiner quelle limite on peut prévoir au champ d'action en cause.

C'est une erreur, en effet, de supposer que, lorsqu'il s'agit d'aménager un pays au point de

vue touristique, un semblable programme intéresse ce pays dans son intégralité.

Une telle erreur est double; d'abord, parce
que les frais dépasseraient la plupart du temps
l'avantage présenté. Puis le délai imparti au visiteur ne permet pas à celui-ci, dans la grande
majorité des cas, de consacrer le temps nécessaire
à la visite de toute une contrée dans ses différentes parties.

Le plus souvent, le touriste moderne ne
séjourne pas : il arrive à telle étape de son parcours; voit rapidement; attribue rarement plus
d'un jour au même objectif; et va, le lendemain,
voir autre chose.

Les spécialistes que retient longuement tel ou
tel objet sont l'exception et par conséquent n'ont
pas place dans la question d'ordre général qui
nous intéresse ici.

Il convient en toute organisation de cette
nature de tenir le plus grand compte d'une semblable considération.

De ce qui précède, la conclusion se dégage
d'elle-même : Il s'agit de déterminer les régions de l'Indochine à aménager en vue du tourisme.

Elles se répartissent ainsi :

1° *La région Sud.* — *A.* Saïgon et ses environs : Cap Saint-Jacques, Chutes de Trian. — *B.* Pnom-Penh. — *C.* Angkor et sa périphérie. Séjour : de douze à quinze jours;

2° *La région Centre.* — *A.* Hué. — *B.* Les Tombeaux. — *C.* Les Montagnes de Marbre. Séjour : de six à huit jours;

3° *La région Nord.* — *A.* Haïfong. — *B.* Baie d'Along. — *C.* Hanoï. — *D.* Chemin de fer du Yunnan. Séjour : de douze à quinze jours.

Ainsi le voyage complet de l'Indochine, pris d'une extrémité à l'autre avec des correspondances prévues de telle façon qu'il n'y ait pas d'arrêts inutiles, peut s'inscrire dans un laps de temps de trente-cinq à quarante jours. Or, cela représente pour la plupart des touristes un maximum de disponibilité de temps.

A ce laps, il convient d'ajouter le délai nécessaire pour les traversées Singapore-Saïgon et Haïfong-Hong-Kong, soit une moyenne de trois et cinq jours pour chacune respectivement.

L'Indochine ainsi divisée en trois parties n'offre pas entre elles, sinon au point de vue touristique intrinsèquement, du moins à celui de l'exploitation touristique, un intérêt égal.

En effet, il faut admettre que Saïgon, placé

sur la grande route d'Extrême-Orient, jouissant d'un renom de séjour agréable et favorisé par le fait d'être l'accès de Pnom-Penh et d'Angkor, constituera dans une mesure très supérieure un centre d'attraction que se contenteront de visiter une majorité de touristes ne voulant ou ne pouvant pousser jusqu'au Centre et au Nord de la colonie.

La région Nord a pour elle la puissance d'attrait de ses deux beautés : la baie d'Along et le chemin de fer du Yunnan. On y viendra de Hong-Kong d'autant plus facilement que les services maritimes répondront par la suite aux exigences de ce trafic spécial et seront organisés en conformité avec le but poursuivi.

Seuls, enfin, visiteront guère le Centre les touristes qui « feront » toute l'Indochine.

Ceci revient donc à dire que l'effort à envisager n'est pas le même dans chacune des trois régions précitées. Je les examinerai par conséquent successivement, tant sous le rapport hôtelier que sous celui des communications.

Sud indochinois

Saïgon, grâce pour bonne part à l'action éclairée du Comité d'Initiative Sud-indochinois, est d'ores et déjà, on peut l'affirmer, en état de répondre à l'afflux touristique qu'on sera parvenu à y amener, étant donné surtout que ce mouvement sera progressif et ne dépassera guère dans le début les possibilités actuelles.

A Pnom-Penh un effort considérable a été accompli ; sa compensation résiderait, contrairement à se qui s'est fait assez malencontreusement jusqu'ici, dans une organisation prévoyant en la capitale du Cambodge le séjour du mouvement des visiteurs qui, partant de Saïgon, a pour point d'aboutissement la région d'Angkor.

A Angkor enfin, le bungalow établi par les soins de l'Administration peut satisfaire à tous les besoins, parce qu'il est conçu d'après le « pavillon-system », appliqué sans exception dans tout Java.

Le pavillon-system consiste à instaurer au centre de l'établissement un bâtiment condensant les services communs : salle à manger, salon, fumoir, etc., et à entourer l'espace, généralement vaste, au centre duquel s'élève cette construction, de pavillons indépendants, accotés les uns aux autres et comportant chacun, avec une chambre pourvue d'aménagements modernes et d'une salle de douches contiguë, une petite terrasse couverte. Ce dispositif présente la très grande supériorité de permettre à l'industrie hôtelière d'étendre pour ainsi dire indéfiniment et le plus économiquement sa faculté de réceptivité tout en limitant celle-ci aux stricts besoins du moment : avantages incompatibles avec les coûteuses bâtisses à étages généralement adoptées chez nous.

Il est donc permis de dire que, en envisageant comme point de départ des effectifs touristiques à déterminer et sans prétendre à atteindre dès demain ceux de Java ni même des Philippines, le Sud-indochinois est à même de recevoir un courant déjà important, puisé dans celui qui existe actuellement en Extrême-Orient; on peut, sans forcer l'appréciation ni les moyens d'action existants, en estimer l'importance à un point de départ d'un millier de visiteurs par saison.

*
* *

Les moyens de communications dans l'Indochine méridionale sont multiples. La Cochinchine et le Cambodge sont sillonnés par un réseau de superbes routes; l'automobile est déjà représentée là-bas par plus de 300 voitures et plusieurs services publics; les services maritimes fluviaux, les chemins de fer pourront, par une certaine et facile mise au point, y répondre sans difficulté à toutes les exigences du trafic touristique et lui apporter leur indispensable adjuvant.

C'est ainsi que Saïgon est relié par le chemin de fer à Mytho, en fait tête de ligne des services fluviaux sur Pnom-Penh et Angkor.

En apportant quelques modifications à son mode actuel d'exploitation, la florissante compagnie des Messageries Fluviales de Cochinchine possédera quand elle le voudra tous les moyens propres à assurer un service satisfaisant aux conditions d'exploitation du tourisme international.

La clientèle touristique en Indochine a été jusqu'ici insignifiante. On ne pouvait assurément demander à cette entreprise de créer un service spécial pour le tourisme, représenté seulement par quelques individualités, par de rares groupes isolés ; visiteurs intéressants, certes, mais n'ayant nul rapport avec le courant économique important et régulier constituant le facteur qui justifie la nécessité d'un effort spécial.

Si au contraire, et comme j'en démontrerai la possibilité par la suite, l'afflux touristique s'accuse assez important pour comporter « une affaire à part », — j'insiste sur le mot, — la question change ; le service à organiser pour répondre aux besoins de cette clientèle nouvelle devient alors tout à fait indépendant de ceux assurés actuellement par la Compagnie, devant la certitude qu'un effectif suffisant, permanent, de touristes peut lui être procuré chaque saison.

C'est seulement alors, la chose va de soi, que cette firme aura, comme cela se fait partout, en Égypte notamment où la prospérité des affaires fluviales de tourisme est connue, à envisager l'instauration d'un service spécial adapté à cette clientèle.

C'est là, au surplus, un élément échappant aux conditions du trafic ordinaire. Le gouvernement général n'a point ici à intervenir puisqu'il s'agit d'une industrie privée exploitant une branche particulière. Par contre il n'a à lui imposer aucune sujétion de tarification ou autre : c'est à la firme intéressée d'examiner, comme n'importe quel négociant ou industriel étudie une affaire, les tarifs qu'elle doit appliquer aux clients de cette catégorie recourant à ses offices.

Il en va de même de l'exploitation des hôtels ou bungalows qui pourront être édifiés, soit par des initiatives privées, soit par l'Administration pour être loués à l'industrie hôtelière.

Tel est actuellement, pour citer cet exemple, le cas du bungalow d'Angkor, dont l'exploitation est confiée aux Messageries Fluviales et au sujet duquel ce qui précède n'infirme en rien l'intervention administrative concernant la fourniture éventuelle du personnel spécial, du matériel, des animaux de trait ou de bât, tous éléments dont s'est ici chargée l'Administration : avec cette modification toutefois que, au lieu d'être consentie gratuitement à l'exploitant, à charge par ce dernier d'être limité dans son exploitation par un cahier de charges trop serré, la location de ce matériel par l'Administration à la Compagnie devra être établie sous des conditions aussi larges, aussi élastiques, aussi commerciales en un mot, que possible.

Un exemple, emprunté à l'organisation touristique de Java, organisation d'ailleurs absolument parfaite et sur laquelle je reviendrai en détail dans un chapitre suivant : L'agence officielle de Batavia-Veltevreden remet gratuitement à tout touriste venant visiter la grande colonie hollandaise un ensemble de documents si bien fait, si complet, si soigneusement établi que le voyage dans l'Ile entière est la chose la plus aisée du monde, même pour le voyageur le moins familiarisé avec les grandes randonnées.

C'est par un ensemble de procédés parfaitement à notre portée en Indochine, que Java est arrivée à faire naître, puis à développer l'énorme mouvement touristique dont elle bénéficie aujourd'hui.

Il importe de bien préciser ici un point primordial :

Nous nous trouvons en présence d'une clientèle internationale, accoutumée à payer dans tout l'Extrême-Orient des prix déterminés, très supérieurs à ceux demandés en Indochine pour des voyages touristiques, comme celui d'Angkor par exemple. Il importe donc dans l'intérêt même de la réputation d'une telle exploitation aux yeux de cette clientèle étrangère, et quelque paradoxale que puisse paraître à certains semblable assertion, que ces mêmes prix lui soient appliqués en Indochine.

Non seulement il y va là de l'avantage de la colonie et de l'intérêt des exploitants de l'industrie touristique, mais il serait absolument illogique, inhabile, que l'exploitation commerciale du tourisme en Indochine ne représentât point le même coefficient des charges pour le voyageur et de légitimes bénéfices pour le pays que dans toutes les autres contrées touristiques de cette partie du monde.

Ainsi posée la question revêt un aspect nouveau sous lequel elle n'a pas été envisagée jusqu'ici, que je sache, mais dont la portée ne saurait échapper.

La saison pendant laquelle est possible l'excursion d'Angkor, principal attrait du Sud indochinois, est relativement courte : elle oscille, suivant les années, entre octobre et mars.

La Compagnie des Messageries Fluviales a fait reconnaître récemment les conditions de navigabilité du Grand Lac. Cet examen, assure-t-on, a permis de constater que de faibles travaux pourraient sans dépenses excessives notablement augmenter la durée de la saison sur ce qu'elle comporte actuellement. L'observation, d'un intérêt ·considérable, mérite d'être consignée et retenue.

Centre indochinois

Les relations entre Tourane et Hué sont assurées par un chemin de fer dont le trajet est des plus pittoresques.

D'autre part, il existe entre Tourane et les Montagnes de Marbre un petit tramway ayant un convoi par jour dans chaque sens. Ce tramway pourra être aisément utilisé pour accéder aux Montagnes de Marbre, à quelques centaines de mètres desquelles il passe en un point de son tracé. L'aménagement d'un chemin d'accès sur une courte distance actuellement obstruée par des sables suffira à rendre pratique cette admirable excursion.

Les Tombeaux sont accessibles de Hué, soit par chaloupe, soit par voiture. De bonnes routes praticables aux autos conduisent à plusieurs d'entre eux.

*
* *

Quant à l'industrie hôtelière, suffisante peut-être, à Hué tout au moins, pour le mouvement

actuel encore fort restreint, elle comportera là
une mise au point le jour où le tourisme sera
dirigé de ce côté.

Il semble normal d'envisager dans ce cas la
possibilité de l'intervention administrative sous
la forme précédemment exposée.

Nord indochinois

Dans le Nord, Haïfong et Hanoï possèdent
une industrie hôtelière parfaitement en mesure
de répondre à toutes les exigences dès le moment
où on lui procurera d'une façon régulière une
clientèle suffisamment nombreuse et « bien
payante ».

Des hôtels secondaires, mais convenables et
représentant de louables initiatives privées, existent sur le parcours du chemin de fer de Yunnan
à Lao-Kaï, à Ami-Tcheou, ainsi qu'à Yunnan-
Sen. Des buffets mobiles fonctionnent dès aujour-
d'hui dans les trains.

Il se peut que, par la suite, s'il se produit un
trafic touristique justifiant cette adjonction, la
Compagnie des chemins de fer de Yunnan soit
amenée à envisager l'exploitation de wagons-
logements, comme cela se pratique aux Indes et
en Amérique ; la direction, m'a-t-il été dit sur
place, ne serait pas réfractaire à cette mesure qui
rendrait facile et courant le long voyage de cinq

jours représenté par ce trajet d'aller et retour Haïfong-Yunnan-Sen.

*
* *

En ce qui concerne la visite de la baie d'Along, le problème est tout résolu : la firme d'armements Roque possède pour le service de la côte Nord du Tonkin une flottille de vapeurs de tout premier ordre, admirablement aménagés et capables de rivaliser avec n'importe quelle unité étrangère de cette classe.

M. Roque est personnellement convaincu de la valeur de l'exploitation de la baie d'Along au point de vue du tourisme. On trouvera auprès de lui le concours le plus absolu et le plus efficace.

Le Nord indochinois possède également un Syndicat d'Initiative. Cet organisme n'est pas encore entré dans la période d'activité matérielle ; mais il semble devoir comporter les éléments voulus pour seconder l'action entreprise dans le domaine qui nous intéresse ici.

*
* *

J'ai parlé plus haut des taux susceptibles d'être appliqués à la clientèle touristique internationale :

je compléterai cette observation par une autre qui a trait aussi bien à l'industrie hôtelière qu'à celle des transports. Les prix établis doivent correspondre à des facilités et à un confort adéquats.

En un mot l'organisation projetée doit s'inspirer de ce qui existe en les pays voisins, dans le but de n'être ni supérieure, ni inférieure à ce qui s'y rencontre, y donne satisfaction à la clientèle et est arrivé à y constituer une valeur économique de première importance.

Les services maritimes

Les services de navigation, tels qu'ils fonctionnent en temps normal de ou vers l'Indochine sont représentés par :

A. — Compagnie des Messageries Maritimes.

1° Le service de la ligne d'Extrême-Orient touchant Saïgon. Ce service devait, par la suite, être prolongé jusqu'à Tourane, pour, de là, continuer son parcours habituel sur la Chine et le Japon, tous les quatorze jours. L'administration s'est réservé d'imposer l'escale de Tourane lorsqu'elle le jugerait utile ; cette obligation ne pouvant d'ailleurs intervenir qu'après l'achèvement du chemin de fer de Vinh à Quan-Try. La mesure est excellente, et l'on ne peut qu'y applaudir.

Les escales sont, de Marseille : Port-Saïd, Djibouti, Colombo, Singapore, Saïgon, Hong-Kong, Shanghaï, Kobe, Yokohama. Mêmes escales en retour ;

2° Les cargo-paquebots poussant jusqu'à Haïfong, Tourane, chaque mois, départs de Marseille le 30. Escales : Port-Saïd, Suez, Colombo, Saïgon, Tourane, Haïfong, Saïgon, Colombo, Djibouti, Suez, Port-Saïd, Marseille.

3° Le service côtier effectuant une série d'escales intermédiaires entre Saïgon et Haïfong ;

4° Le service annexe Saïgon-Singapore. Ce service de quatorzaine prend des passagers de classe. La correspondance a lieu à Saïgon avec le courrier dit « anglais » qui fait tous les quatorze jours un voyage alternant avec celui qui correspond avec la malle française.

B. — Compagnie des Messageries fluviales de Cochinchine. Ligne Saïgon-Bangkok, deux fois par mois, en correspondance avec le grand courrier venu de France et continuant sur le Japon.

C. — Compagnie des Chargeurs Réunis. Ligne Marseille-Saïgon-Haïfong, mensuelle, partant de Dunkerque le 28, le 2 suivant du Havre, le 4 de Pauillac. Ces escales mentionnées pour mémoire. Le 15 de Marseille. Escales : Toulon (facultative), Port-Saïd, Djibouti (facultative), Colombo, Singapore, Saïgon, Tourane, Haïfong, et retour, sauf Djibouti. La Compagnie était en pourparlers avec l'État pour effectuer 13 départs par an au lieu de 12.

*
* *

Les services des Messageries sont connus et je n'en parlerai que pour signaler les améliorations considérables faites par cette compagnie qui, après avoir ramené sur la ligne ses bons paquebots du Sud-Amérique type *Amazone*, leur a depuis quelque temps adjoint une fort belle unité, l'*André-Lebon*, sistership du *Paul-Lecat* dont les dimensions et le luxe avaient fait sensation en Extrême-Orient.

Les cargo-paquebots des Messageries Maritimes, type *Euphrate*, ceux, actuels, des Chargeurs Réunis, du type dit *Amiraux* et dont la flotte s'est récemment renforcée d'unités nouvelles : *Ango, Bougainville, Champlain, Dupleix*, sont également aménagés dans des conditions fort satisfaisantes pour le passager.

Il en va de même des services côtiers, avec les navires qui y sont affectés maintenant par la Compagnie des Messageries Maritimes. J'ai personnellement voyagé sur différents de ces navires ; je puis donc en parler en connaissance de cause et affirmer que, sans prétendre à la perfection, laquelle n'est guère courante ici-bas, ces lignes sont dans leur ensemble tout à fait dignes d'être comparées avec celles, étrangères, qui desservent, par exemple Singapore-Java, — j'ai dit l'activité de leur trafic au point de vue du tourisme, — ou la côte Malaise.

Pour ce qui est des lignes Haïfong-Hong-Kong, Saïgon-Singapore, Saïgon-Bangkok, sans doute une amélioration est-elle souhaitable, si l'on veut qu'elles participent normalement au mouvement à créer, sous le rapport qui nous intéresse ici.

*
* *

Pour en terminer avec les services maritimes indochinois, j'appelle la très pressante attention sur l'intérêt que présenterait, tant du chef de l'exploitation touristique de la colonie qu'au point de vue de son économie générale, l'établissement par une fusion entre les services existants et le rétablissement du service Singapore-Batavia supprimé pour le moment, d'une ligne unique Hong-Kong — Haïfong — Côte d'Indochine — Saïgon-Singapore — Batavia.

L'organisation commerciale du tourisme.

Le vaste mouvement touristique dont bénéficient plusieurs pays de l'Extrême-Orient ne s'est point créé seul. Il a été suscité, canalisé et pour partie majeure organisé par un faisceau de puissantes entreprises adaptées à ce genre d'industrie : car c'en est bien une, et une très grande quoique assez généralement ignorée chez nous.

Les plus connues de ces firmes étrangères sont Cook and Sons, Raymond Witcome, Ems Hall Tours Cⁿ, Dunning H. W. Cⁿ, de San-Francisco, pour ne citer que celles-là.

En France quelques très honorables maisons se sont spécialisées également dans ces grands voyages, sans que malheureusement l'étendue de leurs opérations puisse être comparée jusqu'ici à celles de leurs concurrentes du dehors.

Ce sont ces firmes qui détiennent le mouvement touristique mondial : mouvement colossal, et dont seuls peuvent soupçonner l'importance ceux qui l'ont constatée *de visu* sur les différents points du globe favorisés par lui. C'est d'elles qu'il dépend de diriger chaque année vers l'Indochine un nombre encore indéterminé assurément, mais certainement considérable, de touristes.

En effet, et contrairement à ce que peuvent supposer les personnes mal averties de ces matières, la source du mouvement touristique à créer en faveur de l'Indochine ne doit point être cherchée spécialement en France : chez nous, les touristes que l'on décidera à faire le voyage dans le but de visiter notre possession asiatique resteront d'ici longtemps une faible minorité, donc un facteur à peu près nul sous le rapport économique, seul en cause ici. Cette source réside dans les milieux où se recrutent les milliers de visiteurs de l'Inde, de l'Extrême-Orient et de l'Insulinde.

Or, les entreprises détentrices du mouvement qu'il s'agit de drainer, de canaliser en notre faveur ne se sont pas occupées jusqu'à présent de notre colonie pour deux motifs :

Le premier, c'est qu'elles en ignorent les incomparables beautés touristiques, pour la bonne raison qu'aucune publicité sérieuse n'a été faite à l'étranger avec un tel objectif jusqu'au moment où le Touring-Club venait d'entreprendre un effort, interrompu par la guerre.

Le Touring-Club avait d'abord publié un très bel album de l'Indochine. Cette édition, fort soigneusement tirée, illustrée de nombreuses et excellentes photographies, grosse de cinquante-deux pages et comportant un texte mi-partie anglais, mi-partie français, fait le plus grand honneur à notre grande Association.

Mais une telle publication représentait mieux qu'un guide : C'était presque un ouvrage de luxe ; assurément très supérieur à tout ce qui a été édité nulle part ailleurs dans ce genre.

Précisément, cette supériorité même constituait un inconvénient : le guide-album de l'Indochine du Touring-Club était volumineux, et presque luxueux, ai-je dit. Donc cher.

Et cette raison suffit à expliquer pourquoi sa

diffusion fut restreinte. Aussi ne le trouvait-on nulle part à l'étranger.

Il était un document de valeur; mais non pas le fascicule de publicité courante, partout adopté au dehors, et qui nous manque en matière de tourisme colonial. Aussi, depuis, avec son si avisé sens des choses, le Touring-Club a-t-il publié à un très grand nombre d'exemplaires un petit guide pratique conçu d'après les publications similaires d'un format à peu près uniforme, éditées au Japon, à Java, en Angleterre, aux États-Unis.

Le second motif, c'est que l'Indochine passe, dans les milieux touristiques internationaux, — et c'est à peu près tout ce qu'ils savent d'elle, — pour un pays malsain, inabordable en presque toutes ses parties, et où n'existent ni ressources hôtelières ni organisation de transports : réunissant en un mot tout ce qu'il faut pour éloigner le visiteur plutôt que pour l'attirer.

Ceci étant exposé, la marche à suivre pour parvenir au but visé se dégage d'elle-même : il importe de faire connaître à quelques grandes firmes désignées, ce qu'est réellement l'Indochine au point de vue de ses possibilités d'exploitation touristique.

Pour cela une seule méthode s'impose : c'est

d'obtenir de la part de ces firmes l'envoi d'un inspecteur auquel on fera faire dans chacune des trois régions et aux seuls objectifs précités, un voyage d'études.

D'un tel voyage, ce mandataire reviendra, on peut en avoir d'avance la certitude, avec la conviction que l'Indochine offre à l'industrie touristique un champ d'action sans égal : Constatation d'un haut intérêt, puisque la clientèle de chacune de ces maisons compte une proportion importante d'individualités ayant déjà visité la plupart des pays de tourisme, donc à la recherche d'objectifs nouveaux.

De plus, ces inspecteurs délégués seront mieux que quiconque à même d'établir les points de comparaison avec les contrées touristiques étrangères de l'Orient, de l'Extrême-Orient et de l'Insulinde ; ce sont eux qui formuleront un programme d'aménagement général, de nature à mettre l'Indochine au niveau des autres pays fréquentés régulièrement par les touristes.

Ce sont eux également qui fixeront, sous réserve d'exécution d'un tel programme, le nombre de touristes qu'ils pourront chaque année diriger vers l'Indochine.

En effet, la clientèle de ces puissantes administrations est, si je puis employer l'expression, un véritable « marché » dont sont connus les rendements.

C'est donc sur un ensemble de mesures, adoptées d'accord avec ces pourvoyeurs de l'élément touristique, que l'on pourra ainsi mettre les régions de la colonie, exploitables dans l'ordre d'idées que nous étudions ici, en mesure de recevoir le chiffre préalablement prévu de visiteurs.

Ce sont également ces entreprises commerciales qui auront alors, soit d'après les conditions actuelles des transports et de l'industrie hôtelière, soit en demandant certaines modifications propres à améliorer les éléments existants, à déterminer les « Tours », les cycles touristiques à établir : lesquels constitueront en réalité pour elles un « article » nouveau. Ces firmes le vendront comme elles vendent actuellement le voyage du Japon, d'Extrême-Orient, d'Insulinde ou celui des Indes : ce qu'elles n'ont pas fait jusqu'à présent envers l'Indochine pour les raisons que j'ai cherché à déterminer avec le plus de précision et de clarté possible.

Il serait souhaitable que l'industrie touristique française fût également représentée dans ces enquêtes, susceptibles d'être aisément organisées sur place d'après un tracé facile à déduire par les données qui précèdent.

*
* *

J'ai, on le comprendra, quelque scrupule à

supputer d'avance quel chiffre de visiteurs on peut espérer, pour les débuts.

Nous disposons, cependant, pour cela, d'un élément non négligeable d'appréciation : c'est le total des touristes qui, présentement, évoluent autour de l'Indochine, passent devant ses ports, sans y séjourner, ni même y toucher.

Pour l'Extrême-Orient, l'Inde, l'Insulinde, Java, les Philippines, nous trouvons, ainsi que je le disais au début de ce travail, un total approximatif de 57 000 visiteurs. Cette clientèle, si formidable soit-elle, n'est pas à attirer vers l'Extrême-Orient : elle y est. Elle est donc à prendre. Et si une partie n'en a pas été amenée jusqu'à maintenant vers notre Empire Jaune, c'est, je le redis, que rien n'a été tenté dans cette voie, faute qu'on se soit rendu compte du considérable facteur de prospérité qu'elle représentait.

Est-il exagéré de penser que, parmi tant de milliers de voyageurs libres, avides de beautés nouvelles : artistiques ou naturelles, il est possible de débuter, en faveur de notre Indochine, avec un chiffre de mille touristes par saison?

Je ne crois pas que ce soit là une utopie. Et un tel résultat serait considérable, lorsque l'on songe au rapide et si énorme mouvement de tourisme que, par des moyens en somme simples et peu coûteux, on est parvenu à provoquer à Java, relativement si proche de notre Indochine comme elle est nettement inférieure à elle en attractions pleines de variété.

Et, aussi, quel débouché offrirait le tourisme à tous ces arts, à toutes ces industries indigènes, que l'on cherche de si louable façon et de toutes parts, dans notre colonie, à faire naître ou à ressusciter! Quelle activité d'affaires pour tous les commerces locaux actuellement limités aux seuls besoins de la population sédentaire!

Ici encore, le tourisme vaut d'être envisagé comme un élément économique de première importance, dont on peut seulement s'étonner qu'il n'ait pas davantage attiré chez nous l'attention jusqu'à ce jour.

*
* *

La venue du grand tourisme en Indochine aura une autre conséquence qui, elle aussi, comporte de n'être point négligée : elle incitera à la conservation des sites, tels la baie d'Along, cette merveille que d'imprudentes concessions jadis accordées ont failli livrer au pic et aux mines des carriers.

Mieux : étendant à notre colonie les bienfaits du Comité des Sites et Monuments du Touring-Club, elle entraînera le respect, la conservation et la restauration des splendeurs architecturales

que renferme notre domaine asiatique ; et, par là,
permettra de donner à nos sujets une des preuves
de notre sollicitude et de notre respect envers
leurs traditions religieuses, historiques, auxquelles
ils attachent tant de prix.

Sous cette forme encore, nul ne saurait con-
tester quel bienfait le tourisme constituerait
pour l'Indochine.

La publicité.

Je termine cette étude sur une question un peu
terre à terre, sans doute, mais de haute importance : je veux parler de la publicité.

C'est là un point de premier plan, en effet.
Tous les pays ayant fait de l'exploitation touristique un de leurs objectifs économiques ont
adopté un mode uniforme de publicité se décomposant en trois parties :

1° L'affiche ;

2° L'indicateur général et la brochure.

Je parlerai seulement de ces derniers, le rôle
de la première se définissant de lui-même.

Ceux-ci doivent être du modèle adopté par les
organisations touristiques étrangères du monde
entier : fascicules bon marché ; faciles à mettre
dans la poche ; à texte réduit ; quelques photographies et des indications précises sur les hôtels,

les transports et les prix, ainsi que je l'ai mentionné précédemment.

Ce type d'imprimés est commun au Japon, en Amérique, à Java, aux Philippines, à l'Inde, à la Malaisie.

Il doit être offert en permanence au public, et disposé dans des casiers *ad hoc*, répartis dans tous les endroits fréquentés : paquebots, halls d'agences de voyages, d'hôtels, de banques et de compagnies de navigation.

La permanence de cette publicité est assurée par un correspondant sur place dans chacun des centres intéressants, c'est-à-dire, en l'espèce et outre les grandes capitales d'Europe et d'Amérique : Colombo, Singapore, Batavia, Hong-Kong, Shanghaï, Yokohama, Tokio, San-Francisco, Seatle-Tacoma et Vancouver.

3° La publicité locale.

Celle-ci sera assurée sur place par les Syndicats d'Initiative :

a) Au moyen d'un office permanent de renseignements dans les principaux centres, tel que cela existe, encore à l'état initial, il est vrai, à Saïgon et devrait être à Hanoï.

b) Cette publicité locale pourvoira aux brochures concernant separément chaque objectif visé, comme on a déjà commencé fort heureusement à le faire pour certains points indochinois.

Conclusion

Une organisation ayant pour objet de mettre l'Indochine en état de recevoir sa part de l'activité touristique qui évolue autour d'elle, et en dehors de laquelle elle est demeurée jusqu'ici, comporte, cela va de soi, quelques dépenses.

Mais, si elle est d'intérêt général, elle représente aussi tout un faisceau d'intérêts particuliers.

Ce sont donc par conséquent les Pouvoirs publics d'une part, les intéressés de l'autre, qui ont à supporter les charges, d'ailleurs assez faibles, entraînées par une telle réalisation.

On peut s'inspirer de ce qui pourrait être fait sous ce rapport par la façon dont les choses ont été conçues à Java, dont on trouvera plus loin l'organisation touristique exposée en détail :

L'Administration y a instauré un Office central de tourisme, de caractère officiel.

Pour l'Indochine, il est permis de préférer à cette conception, étant donnée la compétence et les moyens du Touring-Club, les résultats qu'il a obtenus, les services inappréciables qu'il a rendus, une délégation spéciale à cet objet et qui serait donnée à la puissante Association. L'Office, en communication constante avec les organismes métropolitains, comme avec ceux de l'étranger,

se chargera de l'action extérieure et de l'organisation intérieure.

Les frais qu'il représentera ne dépasseront
pas annuellement 50 à 60 000 francs, d'après les
bases que m'a fournies à Batavia le très distingué
directeur de l'Office Néerlandais. La moitié de
cette somme est fournie là-bas par les compagnies de navigation et de chemins de fer, l'industrie hôtelière, les groupements commerciaux;
et le gouvernement double le fonds réuni par les
initiatives privées.

C'est grâce à ce système et à la perfection de
son organisation, grâce aussi à une réclame
admirablement faite que Java est parvenue à
faire passer, en quatre ans son chiffre de touristes de 500 à 8 000 l'année qui a précédé la
guerre.

Et je synthétiserai les résultats obtenus dans
la colonie hollandaise par ces deux exemples pris
entre cent :

Les paquebots néerlandais desservant Java
sont bondés au point que les places y sont difficiles à obtenir, si bien que je dus, pour rentrer
de Batavia à Singapore, louer sa cabine à un
officier; ce qui est d'ailleurs d'un usage admis
sur ces bateaux.

Et l'Hôtel des Indes, à Batavia-Veltevreden,
qui était, il y a cinq ans, un établissement d'ordre
secondaire, assurément très inférieur aux principaux hôtels actuels des deux grandes villes de

l'Indochine, exécutait, quand j'y fus, pour deux millions de travaux d'agrandissement…

Prenez ce cas comme un apologue.

Et concluez.

Voici, pour terminer, où en était à la veille de la guerre cette grosse question qui intéresse à un si haut degré la prospérité et l'avenir de notre grande colonie asiatique :

Le gouverneur de la Cochinchine et les résidents supérieurs de l'Annam, du Cambodge, du Tonkin et du Laos avaient bien voulu faire connaître au président du Comité Colonial du Touring-Club, le regretté M. Guillain, ancien ministre des colonies, leur approbation des termes du rapport qui leur avait été présenté sur l'organisation du tourisme en Indochine, aussi bien dans son principe même tel qu'il y était résumé, que dans les voies et moyens proposés.

Semblable communication était faite au Ministère des Colonies.

Quant aux sentiments favorables du gouverneur général, alors M. A. Sarraut, lui-même prit à l'époque soin de les exprimer en termes aussi heureux que bienveillants dans l'allocution qu'il prononça sur ce sujet, lors de la réunion du conseil de gouvernement à Hué en 1913.

L'acquiescement et l'appui unanime des Pouvoirs publics sont donc maintenant acquis et le demeureront pour l'avenir : c'est là un fait dont la portée ne saurait échapper.

Bien combiné, judicieusement coordonné, ce faisceau d'efforts et de bons vouloirs doit avoir pour effet de doter enfin notre Empire Jaune de cet énorme et puissant facteur de prospérité qu'est pour un pays l'afflux régulièrement organisé du grand tourisme international.

CHAPITRE XVII

Un très éminent personnage, bien placé pour être particulièrement au courant des affaires indochinoises et devant lequel il était question de la cynégétique dans notre colonie d'Extrême-Orient, tint un jour ce langage à ses interlocuteurs, dont j'avais l'honneur d'être :

« Eh! quoi, vous songez à étendre à l'Indochine l'application de la réglementation cynégétique coloniale, telle qu'elle a été décidée en nos possessions de l'Afrique tropicale? On prétend comprendre ce pays-ci dans le champ des mesures spéciales à ce domaine? Cela est une erreur : apprenez qu'en Indochine, il n'y a pas de gibier, ou à peu près point. Et que le peu qu'on y trouve est nuisible : donc à détruire, au point qu'on a dû pour cela recourir au système des primes. »

Devant un avis si formel, énoncé par une voix aussi autorisée, chacun s'inclina, et moi tout le premier.

Aussi, quand, par la suite, la Commission per-

manente de la réglementation cynégétique insti-
'tuée au ministère des colonies par M. Messimy en
arriva à la question de savoir s'il y avait lieu
d'étudier l'adaptation à l'Indochine des mesures
alors projetées pour le reste de notre Empire colonial et en particulier pour l'Afrique Équatoriale
et Occidentale, l'opinion négative prévalut, à peu
près sans discussion.

Et l'Indochine fut à peine mentionnée dans
le volumineux rapport général élaboré par la
Commission.

*
* *

Or, j'ai visité depuis cet admirable pays ; je l'ai
parcouru du cap Saint-Jacques à Kampot, d'Angkor à Hué, de la baie d'Along à Lao-Kaï : j'ai eu
maints entretiens avec tous ceux, administrateurs
« très broussards », colons, chasseurs, qui pouvaient professer sur la question une opinion autorisée, entendu maints récits, noté de multiples
exemples, constaté *de visu* le bien fondé des
dires recueillis : et je reviens de là-bas avec une
opinion nette que je traduirai par cette énonciation succincte : L'Indochine est au moins égale,
dans nombre de ses parties, aux plus beaux pays
de chasse de l'Afrique. Elle leur est, à différents
points de vue essentiels, supérieure.

La faune indochinoise est incomparable et

variée : elle compte le tigre, le rhinocéros, le cominh, — sorte d'auroch, — l'éléphant, le buffle sauvage, la panthère, le cerf, l'antilope, le sanglier, les singes. Parmi les oiseaux : les grands carnassiers, le gibier d'eau, et de multiples espèces secondaires entre lesquelles il convient de citer comme curieuse le coq sauvage, au Cambodge.

*
* *

Je viens de parler de l'abondance de la faune. Quelques exemples vous en donneront une idée précise.

Le tigre, d'abord.

Celui-ci pullule, dans certaines parties de la colonie, au point que le gouvernement paie des primes pour sa destruction. Ce fauve a même une tendance marquée à se répandre davantage depuis qu'une mesure assez récente a réduit le zèle des destructeurs en abaissant de 40 à 15 piastres le montant de la prime.

Dans les régions tigreuses de la colonie, les plus sévères mesures sont prises contre ce dangereux voisinage. Des palissades de bambous, de 3 mètres de haut, terminées par des pointes incurvées à droite et à gauche, entourent toutes les habitations. Il en est de même des gares situées dans ces régions. Et les précautions sont poussées au point que des chemins également palissadés relient les bâtiments de service à la gare même. Ce qui n'empêcha pas, lors de notre voyage au Yunnan, la femme indigène d'un employé de la ligne Vietry-Laokaï d'avoir été attaquée jusque derrière la palissade par le tigre qui avait franchi l'obstacle d'un bond. L'animal manqua sa proie, mais la laissa fort mal en point. La femme fut transportée à l'hôpital de Lao-Kaï, où elle était encore au moment de notre passage.

Dans nombre de régions et notamment en pays Moï, chaque village est pourvu d'un piège à tigre... auquel il manque le plus souvent d'être tendu, convient-il d'ajouter.

Ces pièges varient de système suivant les régions. En pays Moï, c'est une cage faite de gros troncs d'arbres et ouverte à l'avant au moyen d'une trappe à guillotine que tient relevée un câble de bambou. Le fond de la cage est garni d'un filet, auquel est attaché le câble. L'appât, chien, chèvre ou porc, est placé derrière ce filet, que le fauve brise pour atteindre sa proie. Le bris du filet déclanche le câble, la porte à guillotine tombe. La bête est emprisonnée.

En Annam, le système diffère : une fosse large et profonde est creusée. Elle est recouverte d'un mince clayonnage, incapable de supporter le poids du fauve, et garni de terre et d'herbe. Une légère clôture aisément franchissable entoure la fosse, au bout de laquelle l'appât est enfermé. Le tigre, pour parvenir jusqu'à celui-ci, est obligé de sauter par-dessus la clôture. Il retombe sur le clayonnage, qui cède, et l'animal est précipité dans la fosse, le plus souvent garnie de bambous pointus... ce qui n'arrange pas la peau.

Mais le moyen le plus communément employé pour venir à bout du redoutable fauve est tout simplement la strychnine.

Le poison et le piège sont donc les moyens très prosaïques et moins sportifs encore auxquels on recourt pour se défaire du tigre qui infeste, sauf dans les parties cultivées et à population dense, l'Indochine depuis le Cap Saint-Jacques, où plusieurs gardiens de l'ancien phare furent ses victimes, jusqu'au Haut-Tonkin.

On m'a cité à Han-Loc le cas d'un vieux tigre qui avait enlevé en quelque temps, dans un rayon assez grand, dix-sept coolies employés aux travaux de la ligne Saïgon-Phan-Tiet. On ne put, me disait-on, détruire le terrible animal qu'en « strychninisant » le corps d'un Indigène décédé, exposé comme appât !

Le tigre, auteur de tant de méfaits, était, paraît-il, un énorme solitaire. Il était vieux, pelé, et boitait : détail qui donnerait raison à la théorie de M. de Poncins, mon distingué collègue de la Commission de réglementation cynégétique au Ministère des colonies, théorie d'après laquelle les grands fauves mangeurs d'hommes seraient toujours des sujets blessés ou âgés, par conséquent incapables de pourvoir à leurs besoins par la chasse.

On avait encore détruit un tigre par le poison, dans la forêt, non loin de l'habitation, quelques semaines avant notre visite à Suzanna. Celui-là avait manifesté sa présence en venant enlever en plein jour un veau devant le petit hôpital où des sœurs de Chartres soignent les malades de la plantation.

Certains tigres, toutefois, sont inoffensifs à l'homme et aux troupeaux — dont les taureaux se défendent d'ailleurs souvent victorieusement — là où le cerf et le chevreuil abondent. On en citait un dans ce cas, sur un autre point de Suzanna.

« Les tigres, disait un rapport officiel adressé à M. Gourbeil, gouverneur de la Cochinchine, continuent leurs ravages dans les cantons de Cangio et d'An-Thit. Ils ont enlevé sept personnes pendant les trois premiers mois. Le sous-chef de canton de Cangio a pu empoisonner au moyen de la strychnine deux de ces fauves. »

Les pièges et le poison ne sont cependant pas les seules armes dont on se serve contre le tigre. On le chasse aussi. Rarement en battue jusqu'ici ; mais à l'affût, du haut d'un mirador ou dissimulé au ras de terre. On procède alors le plus souvent ainsi : on place comme appât, solidement fixé pour que l'animal ne puisse être enlevé, un cheval ou un jeune buffle, assez gros pour que le fauve ne puisse en faire un seul repas. Le tigre revient toujours à sa proie abattue la veille. Tant que l'animal d'appât n'a pas été touché il est inutile de se déranger. Une fois la bête tuée, on peut avoir la certitude de tirer le tigre la nuit suivante... si le vent et la lune vous favorisent.

Tout cela ne constitue pas la grande chasse sportive du tigre, telle qu'elle se pratique aux Indes, et qu'elle pourrait être « exploitée » en Indochine si elle y était organisée. Elle ne l'est pas parce que c'est un fait, déplorable mais certain, que, à de très rares exceptions près, les amateurs de grande chasse, attirés dans l'Est africain par une publicité savante et une organisation commerciale de premier ordre, non seulement délaissent mais ignorent nos colonies pour les raisons que j'ai exposées précédemment en parlant du tourisme proprement dit.

Ignorance excusable, au demeurant, quand on constate dans quelle mesure notre empire d'outre-mer est méconnu dans la Métropole même.

Il est quelques exceptions cependant : S. A. R. le duc de Montpensier, et le marquis de Barthélemy, qui ont tous deux donné le bel exemple de porter un intérêt moral et matériel aux choses de l'Indochine, sont, en même temps que des « fusils » de premier ordre, de grands chasseurs

dans la noble acception du mot ; eux ont pratiqué
la chasse sportive dans la mesure la plus large.
Ils ont réalisé d'invraisemblables tableaux, ce qui
est parfait pour leur satisfaction personnelle, et
ne l'est pas moins au point de vue général, sous
le rapport de la démonstration· de ce qui peut
être fait dans cet ordre d'idées.

Quand je dis que l'Indochine cynégétique est
déplorablement inconnue, cela n'est pas à prendre
au sens absolu, car on compte quelques exceptions.
Rares, assurément, mais enfin on en compte.

Ainsi, j'ai rencontré, à Phan-Tiet, un étranger
de distinction, M. de S..., venu spécialement en
Indochine pour chasser. Il avait largement réussi,
et partait enthousiasmé.

Nombre d'Anglais de Hong-Kong, me disait
M. Liébert, notre consul général dans cette résidence, ont pris l'habitude d'aller chasser au
Tonkin, que sa proximité de la grande possession
britannique d'Extrême-Orient leur rend particulièrement accessible.

*
* *

Il y a pour le nouveau venu, à habiter un
pays tigreux, une première sensation, latente
mais fort définissable et dont bien peu doivent
se défendre, même parmi ceux qui se font un
point d'honneur de dominer ces faiblesses. L'idée

que, dès la brune, sitôt après le coucher du soleil, le matin au crépuscule, ou bien pendant un brouillard, « c'est l'heure du tigre », vous cause un petit « rafraîchissement » fort perceptible ; et je crânerais à soutenir que je m'en suis toujours défendu.

Est-ce à dire que l'on soit exposé à rencontrer le terrible félin, campé de manière provocante devant vous, se battant les flancs de sa queue, non pour « chasser les mouches » mais en signe de colère, et découvrant dans un rugissement formidable la redoutable rangée de ses crocs? Non. Et les seuls tigres que j'aie vus sous cet impressionnant aspect étaient au Salon, sur des pendules ou dans les Jardins publics, en marbre, en bronze, en plâtre et même en zinc.

Ce qui rend le séjour en pays tigreux impressionnant et énervant, tout à la fois, c'est précisément que l'on ne voit que bien rarement l'animal à moins de le rechercher. Mais on le sent proche, on le devine, et parfois on le flaire nettement ; les chevaux « tiquent », comme cela nous arriva à Xuon-Loc, en compagnie de mon ami O. Dupuy, propriétaire à cet endroit de la plantation dont j'ai parlé précédemment. Nous n'avions pas la moindre arme et fîmes naturellement un prudent demi-tour. Le même soir, rentrant à vide vers les plantations caoutchoutières de Suzanna, éloignées de quelques kilomètres, la charrette à bœufs qui avait transporté ma femme dans la journée rencontra le tigre. Les bêtes, affolées, s'enfuirent, renversant le conducteur qui demeura évanoui sur place, où des gens envoyés à sa recherche le retrouvèrent intact, le soir : le tigre l'avait épargné.

Peut-être l'animal avait-il eu peur lui-même : car il est le plus souvent lâche, m'affirmait-on. Surpris, il s'enfuit généralement. La nuit, ou par temps de brouillard, favorables aux attaques du fauve, les Moïs, lorsqu'ils traversent une région tigreuse, marchent en faisant siffler une badine de bois flexible dont le bruit suffit, disent-ils, à écarter le péril.

M. Cunhac, depuis des années Délégué de Résidence à Djiring, dans les montagnes du Sud-Annam, me racontait le fait suivant : Un jeune tigre était pris dans une trappe. D'un fourré voisin, la mère faisait entendre ses rugissements. Lorsque M. Cunhac et les Indigènes vinrent en bande armée pour tuer le petit, non seulement la tigresse n'attaqua pas, mais elle s'enfuit.

Ce qui n'empêche pas, en ce même Djiring, où nous fîmes un assez long séjour, que, à « l'heure du tigre », on s'enferme dès le crépuscule à l'abri des enceintes palissadées, comme partout en région tigreuse.

Et, quand, la nuit venue, un télégramme arrive, l'employé annamite qui l'apporte à la Résidence, du télégraphe situé à quelque cent mètres, vient escorté de deux Moïs armés et porteurs de torches.

Le tigre est vraiment dangereux, très dangereux, pour ceux que leurs obligations amènent à passer régulièrement, à heure fixe, au même endroit, le matin ou le soir, surtout.

Les accidents sont fréquents : sur la route de Phan-Tiet à Djiring, à travers la montagne forestière, cinq courriers Moïs avaient été enlevés par le tigre deux ans avant mon arrivée et sept l'année précédente, presque à la même place, et vers la même heure. On a, depuis, rompu l'horaire, par prudence.

Ces courriers vont cependant toujours par deux et armés. Peut-être l'auteur de ces méfaits était-il, lui aussi, un vieil animal, devenu impropre à la chasse, et fut-ce celui-là qui fut abattu peu avant notre arrivée par un Moï, lequel, attaqué, eut la présence d'esprit de ficher en terre sa lance au moment où la bête bondissait. Elle vint s'enferrer elle-même et fut tuée raide.

Parfois, le tigre attaque cependant en plein jour.

Ainsi, dans la même région, voici quelques années, le lieutenant Monard, chargé de relever la topographie de la contrée, fut enlevé marchant en tête de sa troupe ; et quelques semaines avant notre passage, un Indigène avait subi le même sort à 300 mètres du tram de Yakar.

Pendant notre séjour en Annam, un soldat

d'infanterie coloniale était pris non loin de Hué.

Un détail vous donnera, au demeurant, une idée de la densité du tigre dans les montagnes d'Annam : chaque année, le poste de Djiring règle de soixante-quinze à cent primes de destruction. Et, cependant, j'ai dit la négligence des Moïs à tendre leurs pièges.

Malheureusement, les belles peaux sont cependant rares. Les Moïs ignorent l'art de les préparer. La chaleur est généralement assez intense le jour. Et, le temps de transporter la dépouille au poste, parfois éloigné du lieu de capture, elle arrive le plus souvent perdue pour la conservation.

*
* *

On cite des cas extraordinaires de défense contre le fauve : le marquis de Barthélemy fut, un jour, grièvement blessé par lui; l'animal fut tué par le compagnon de chasse du marquis avant d'avoir pu venir à bout du vaillant chasseur.

Près de Sontay, un administrateur, M. G. Gaillard, terrassé par la bête, parvint, en enfonçant le canon de son fusil brisé dans la gueule du félin, à faire lâcher prise à celui-ci, qui s'enfuit sous le coup de la douleur. La scène a été reproduite par plusieurs illustrés parisiens, en avril 1909.

Mais le fait le plus surprenant, absolument véridique cependant, est ce qui advint au lieutenant Goulier, de l'infanterie coloniale : doué d'une force exceptionnelle, le lieutenant fut surpris aux environs de Mon-Kay par le tigre. Il parvint à le maintenir, et à donner à l'adjudant Rousseau, qui l'accompagnait, le temps de tuer la bête. M. Goulier mourut peu après de la commotion, il est vrai.

***

Ces quelques données suffisent à montrer quelle ressource on pourrait tirer, dans notre colonie, de la seule chasse au tigre, organisée sportivement.

***

La panthère abonde. Redoutable aux troupeaux, elle l'est moins à l'homme ; un enfant venait cependant d'être dévoré par elle près de Phan-Tiet, quand nous y passâmes.

Et, circulant en automobile à quelques kilomètres de cette même ville, en compagnie de son administrateur, notre aimable cicérone l'administrateur Garnier, il se fallut de bien peu que, à un détour de la route, nous en bousculions une avec notre voiture. L'animal eut juste le temps de sauter dans la brousse. Une panthère écrasée par une auto : Quel record c'eût été !

*
* *

Certaines parties de l'Indochine renferment en abondance un superbe grand gibier, rarissime ailleurs, et qui, à lui seul, suffirait à faire la fortune cynégétique de ce pays : c'est un monstrueux bovidé, parent de l'auroch, et appelé « cominh ».

Un important troupeau de ces animaux fréquentait une montagne voisine de Djiring lors de notre séjour.

Le cominh est un trophée royal, que plus d'un chasseur de là-bas peut s'enorgueillir de posséder.

Quant au buffle sauvage, il est courant d'en pouvoir tirer dans maintes parties de la colonie.

Les cervidés, les antilopes pullulent. Les singes sont communs ; mais on éprouve quelque scrupule à comprendre ces « frères inférieurs » dans la liste du gibier, n'est-il pas vrai ? et à les considérer comme un trophée digne d'un vrai fusil sportif.

Le rhinocéros se rencontre sur plusieurs points. On m'en a particulièrement parlé dans le Sud-Ouest, vers Kep et Kampot.

* *
*

Quant à l'éléphant, il est également un des facteurs de la grande faune indochinoise.

La « question de l'éléphant » ne saurait être envisagée ici sous le même angle qu'en Afrique. En Afrique l'éléphant est un fauve, recherché pour son ivoire par tous, et pour sa chair par les Noirs. Dans l'immense forêt équatoriale, il erre librement, et les dommages qu'il cause sont rares, comme le sont elles-mêmes les plantations dans la partie du Continent Noir dont il a fait son habitat. Encore ceci n'est-il pas absolu, notamment au Gabon et dans toute une partie de l'hinterland du golfe de Guinée. Mais, par contre et en dépit des efforts de la ferme de dressage d'Apia, au Congo belge, il n'apparaît pas que l'éléphant africain doive jamais rendre des services comme animal domestique : ce pour des raisons dans lesquelles ses facultés de domestication ne sont pas seules en jeu.

Cela, soit dit incidemment, ne saurait en rien infirmer au demeurant la nécessité des mesures de protection préconisées par M. Paul Bourdarie notamment, en vue de parer à la disparition de l'éléphant africain.

En Indochine, comme dans toute l'Asie Méridionale, des Indes en Annam, l'éléphant a été au contraire domestiqué de tout temps. Il l'est encore ; et si le machinisme moderne réduit dans la pratique à un rôle très secondaire les services que peut rendre le grand pachyderme, la preuve que sa domestication présente cependant un intérêt réside dans les efforts, d'ailleurs couronnés de succès, accomplis au Cambodge par le Résident Supérieur, M. E. Outrey, en vue de reconstituer « l'écurie », — si je puis employer ce terme, — que possédait jadis la cour de Pnom-Penh et dont j'ai parlé dans le chapitre consacré à la vieille cité cambodgienne.

Par contre, les parties de la colonie où c'est la brousse sont, non seulement peuplées, mais souvent surpeuplées d'éléphants. Et les intrusions des bandes de ces énormes animaux dans les plantations ne va pas sans des dégâts considérables.

Dans certaines régions du Sud-indochinois où abondent les éléphants, leur présence éventuelle est, paraît-il, une des raisons pour lesquelles la direction du chemin de fer a résolu de ne pas faire circuler le trafic la nuit.

Les poteaux télégraphiques excitent souvent la verve de l'éléphant. Car il est volontiers facétieux : il le prouva à l'administrateur Garnier en transportant à un millier de mètres dans la forêt du matériel Decauville, travées et wagonnets, servant à la construction de la route de Djiring-Dalat, et que l'on retrouva en piteux état.

On ne saurait cependant accepter davantage
en Indochine qu'ailleurs que l'éléphant, lequel
est une valeur, soit l'objet d'une destruction
absurde, comme le cas s'en présente trop fréquemment là-bas.

Vous en jugerez par ces exemples récents : Au
Lang-Bian une bande d'une douzaine d'éléphants
paît non loin d'un poste. Un inspecteur de
milice fait se défiler ses miliciens, ses linhs, les
embusque, ouvre un feu roulant, et jette par
terre six animaux. Pour rien, pour le plaisir...

A Phan-Tiet, le sportsman étranger que j'y
rencontrai, M. de S..., se vantait d'avoir tué, avec
ses compagnons, huit éléphants en une fois. Lui-
même en avait abattu trois... de sa charrette
à bœufs. En aucun pays du monde, semblable
massacre ne serait permis. Et, moins encore, gratuitement licite.

La protection de l'éléphant s'impose donc dans
cette colonie, au même titre qu'en Afrique ; dût-on
recourir à certaines mesures, d'ailleurs aisées,
de protection des plantations et des champs : on
défend bien les habitations contre le tigre.

*
* *

J'en aurai terminé avec cette énumération de
la faune cynégétique indochinoise quand j'aurai
cité encore certains animaux :

Le hérisson, abondant.

Une grosse perdrix, qui vole isolée et perche.

Maints autres oiseaux.

Puis, le paon, dont l'habitat se confond le plus souvent avec celui du tigre. On m'a donné la raison de cette sympathie, et je la livre telle : le paon serait friand des « produits de la digestion » du grand félin? Acceptons ce dire...

Les oiseaux de proie, que l'on néglige vite de tirer, par leur abondance et leur facilité d'approche : fait commun, dans les pays neufs, — neufs au point de vue de la chasse, tout au moins, — à nombre d'espèces, que l'on considérerait chez nous comme des coups de fusil de premier choix.

Ainsi, ce trait : me trouvant sur le Mékong, à bord du *Bassac,* je vis d'assez près des animaux qui s'ébattaient en bandes le long de la berge. Leur âcre odeur venait jusqu'à nous.

« Des loutres », me dit le capitaine que j'interrogeais et auquel ce spectacle semblait familier.

J'eus par la suite l'occasion de voir, toute proche cette fois, une autre troupe de loutres : nous longions en chaloupe le bras qui, de Tourane, conduit aux Montagnes de Marbre. Les loutres ne se dissimulèrent même pas à notre approche. Évidemment, on ne les avait jamais tirées.

Mais que dire en revanche de certain chasseur,

comptant en ce monde de nombreux et fâcheux imitateurs, celui-là d'ailleurs étranger à la Colonie, et qui se glorifiait devant moi d'avoir fait un massacre, de ces beaux oiseaux, de ces grues notamment qui, dans certaines régions, en particulier dans celle du Siem-Reap, vers Angkor, sont presque autant familières que des animaux domestiques.

Je suis sûr que, celui-là, dans les chasses de France où on l'invite, tire les faisans... à pattes.

*
* *

Beaucoup de nos compatriotes de là-bas chassent. Mais ils pratiquent surtout la petite chasse. Quelques-uns, plus rares, la grande. Certains chasseurs sont réputés : tels M. G..., garde général des forêts, et le forestier M...

La grande chasse sportive compte cependant, outre quelques-uns de nos compatriotes dont M. Aug. M... et plusieurs étrangers venus dans notre Colonie pour se livrer au noble sport, certains représentants. J'ai nommé S. A. R. le duc de Montpensier et le marquis de Barthélemy. De magnifiques tableaux, à faire pâlir d'envie les meilleurs fusils du British-East, ont été réalisés par eux.

L'un et l'autre ont d'ailleurs écrit sur l'Indochine cynégétique des ouvrages de haut intérêt.

Et le duc a publié récemment un fort beau volume illustré, consacré à ses chasses.

*
* *

L'introduction des armes et munitions de chasse n'est, en Indochine, l'objet d'aucune difficulté. Une maison d'armurerie, très bien montée, existe à Saïgon.

Par contre, aucune réglementation cynégétique. C'est jusqu'à présent le régime de l'entière liberté.

Liberté allant jusqu'à s'étendre aux Indigènes. Peu chasseur, l'Annamite n'en use guère. Il n'en va pas ainsi des Moïs, des Khas, ni surtout des Laotiens.

Ces derniers poussent même les incursions cynégétiques, en bande destructrice, jusqu'aux plateaux du Lang-Bian et parfois aux parages du littoral : fait qui n'est pas sans soulever de vives protestations dont j'eus l'occasion de recueillir l'écho.

On pourra seulement mettre ordre à cela par l'application de la réglementation, adaptée à la colonie, et qui vient d'être mise en vigueur dans notre Empire Noir.

Toutefois, il faut le constater, nos compatriotes indochinois se montrent généralement hostiles, non seulement à cette réglementation, mais en général à toute restriction susceptible d'atteindre de ce chef les Européens, sinon les Indigènes, comme nous l'allons voir par la suite.

C'est la note à peu près unanime que j'ai recueillie au cours de mon séjour, aussi bien des nombreuses conversations que j'ai eues que de ce que je lus sur ce sujet dans la presse locale.

La vérité est que le projet de réglementation est ou inconnu, ou imparfaitement connu des intéressés. Lorsque ceux-ci en auront, par la suite et quand la chose reviendra sur le tapis, examiné la teneur inspirée par ce qui existe à l'étranger, l'esprit et l'élasticité d'application, il ne semble pas douteux qu'ils se rangent à une doctrine dont les données ont été établies par un aréopage très imbu de connaissances cynégétiques, puisque nombre des membres de la Commission étaient eux-mêmes des adeptes de la grande chasse exotique.

Dans des conditions telles que celles que je viens d'exposer, on comprendra que l'aménagement du pays, au point de vue qui nous intéresse ici, soit encore à l'état embryonnaire.

Quelques « trams », — on appelle ainsi des habitations palissadées contre le tigre et servant d'abris aux voyageurs dans les montagnes d'Annam, — ont bien été instaurés, de-ci de-là, notamment dans la région de Djiring-Lang-Bian. Ce type d'habitations, améliorées, disséminées sur les territoires de chasse, permettraient d'y séjourner dans des conditions convenables et de changer à son gré de rayon d'action.

Elles rendraient donc les plus grands services.

L'administration de cette région, et d'autres aussi sans doute, faciliterait ainsi dans la plus large mesure la venue des chasseurs. On les y attend, presque, car un petit hôtel se montait à Djiring, en plein pays Moï, lors de mon voyage, et on essaie d'en faire prendre un autre, 75 kilomètres plus loin, à Dalat.

Je me résume :

La faune cynégétique de l'Indochine est d'une indéniable richesse, et elle est de premier ordre.

Notre admirable colonie offre un accès exceptionnellement favorisé puisqu'elle est, de Haïfong par Hong-Kong, en rapports constants avec le Nord-Ouest américain d'où, il faut le rappeler, une quinzaine de mille de touristes viennent annuellement en Extrême-Orient pour se répandre en fractions inégales au Japon, en Chine, à Java, aux Philippines.

Par Saïgon, elle est sur la voie d'Europe et d'Extrême-Orient, qu'assurent d'excellents et fréquents services français.

Un réseau routier tout à fait parfait la sillonne au reste dans nombre de ses parties, où l'automobile est devenue d'un emploi courant.

Le railway; des services de vapeurs fluviaux; d'autres, maritimes desservant la côte, permettent d'atteindre sans fatigue et avec le maximum de commodités le pays tout entier, jusqu'à la porte des régions encore neuves.

Le Transindochinois sera l'œuvre de demain : par lui on pourra se rendre de Saïgon au cœur du Yunnan !

Dans les régions chaudes, le climat est généralement moins dur qu'en Afrique tropicale, et presque partout il y est infiniment plus favorable à l'Européen.

Enfin, dans les centres, l'industrie hôtelière existe, depuis des conditions équivalentes à celles des grandes villes d'Europe ou d'Amérique, comme à Saïgon, jusqu'à une exploitation plus modeste mais suffisante encore, en maintes agglomérations secondaires.

Aucune raison n'apparaît donc pour que l'Indochine ne trouve pas, elle aussi, dans l'industrie cynégétique, — j'emploie le mot à dessein, — un facteur nouveau de richesse, comme l'ont su faire les étrangers, dans leurs colonies Est-africaines notamment.

Cela sera, si nous savons le vouloir et nous adapter la manière. Celle-ci n'est pas malaisée à définir : Nous n'avons qu'à copier ce qui s'est fait ailleurs sous ce rapport.

Il ne s'agit nullement, comme on l'a dit ironiquement, de « protéger le tigre, l'éléphant ou la panthère contre l'homme », ce qui serait absurde.

Le but à poursuivre est tout autre : De par le monde existe toute une élite de riches sportsmen prêts à sacrifier à leurs goûts cynégétiques les plus grosses sommes. L'objectif est donc d'étudier les moyens propres à faire bénéficier dans la plus large mesure possible l'Indochine de ce vaste mouvement, définitivement créé ailleurs, et en dehors duquel, en ce domaine encore, elle est totalement demeurée jusqu'ici.

Est-il donc besoin de faire ressortir les profondes et heureuses conséquences du succès couronnant une semblable initiative, et la répercussion qu'elle aurait, non seulement sur la prospérité économique de ce pays, mais aussi sur la diffusion des choses de notre belle colonie, en France et au dehors?

Les moyens sont créés : De puissants organismes commerciaux, jusqu'ici limités à l'Afrique, et pour cause, se chargent de fournir les éléments d'exécution matérielle. Il arrive même que dans certains pays étrangers, au Soudan par exemple, l'Etat intervienne dans ces organisations.

Il suffira donc de solliciter la clientèle qui a
fait de toute l'Afrique orientale son champ d'action, de la mettre au courant des ressources de la
faune, des conditions de transport et d'habitat de
notre colonie ; de faciliter aussi son accession aux
grandes firmes qui ont fait de la chasse exotique
l'objet d'une vaste et puissante organisation commerciale.

Ce sera là le rôle, à la fois, des Pouvoirs publics
et des initiatives privées. C'est à ces deux facteurs que revient le soin d'inviter les grosses
firmes de cette spécialité, telles Newland Tarlton
de Londres, ou la Boma Trading C° de Nairobi
(Brit. East Afr.), à étendre leur action jusqu'en
Indochine, tout en leur assurant le concours,
l'appui moral nécessaires.

Le jour où un semblable résultat aura été obtenu, où les grandes expéditions de chasse sportive, dont certaines en Afrique orientale ont réuni
jusqu'à six cents auxiliaires telle celle du Président
Roosevelt, et mille personnes comme celle du duc
de Sutherland, viendront régulièrement exercer
dans nos territoires, c'est incontestablement une
source énorme et nouvelle de prospérité qu'elles
y apporteront.

Que sont, en présence d'un semblable avantage, quelques dispositions de réglementation
restrictive, ne lésant aucun intérêt direct, et
tout au plus susceptibles de toucher dans une
mesure, à la vérité très secondaire, quelques

bien rares individualités indochinoises pratiquant la grande chasse sportive?

Encore, les plus notoires d'entre elles sont-elles les premières à réclamer, sous une forme déterminée, il est vrai, une protection.

C'est ainsi que, quelques mois avant la guerre, une expédition conduite par un de nos compatriotes très en vue et possédant dans la colonie de gros intérêts rencontra à son retour de M'Drac, dans la région de Ninh-Hoa, un camp laotien en un point nommé Ya-The.

Ces Indigènes avaient, on le voit, poussé leurs opérations jusqu'en Annam, par conséquent très loin de leur pays.

Le camp se composait de six chasseurs. Il était là depuis un mois et demi. Son butin quotidien avait été, en moyenne, de 4 cerfs, mâles ou femelles. Il avait donc détruit, au moment de sa rencontre avec les Européens, 180 cerfs dans un même rayon. Quant aux daims, ils avaient déjà à peu près disparu.

Et notre compatriote, en me narrant le fait, d'ajouter :

« Il y aurait urgence à défendre les superbes terrains de chasse de M'Drac et Ya-The. Nous venons d'y tuer 25 cerfs mâles, 2 cominhs ou aurochs et 2 tigres.

« Des Anglais qui m'accompagnaient, MM. S..., M... et J..., sont revenus enchantés de leur expédition.

« Il faudrait obtenir de l'administration que ces terrains soient préservés contre les incursions destructives des Laotiens.

« Nos expéditions sont, en effet, d'un grand profit pour les Moïs du pays. La nôtre leur a laissé plus de 2 000 francs, ce qui est une fortune pour eux.   .

« Une peau de cerf valant de vingt-cinq à trente cents, voyez combien de richesses apporteraient les voyages des globe-trotters comparativement à ces expéditions indigènes.

« On parle de lois sur la chasse qui peuvent restreindre pour nous, colons, les plaisirs du dimanche.

« On ne parle pas de mesures à prendre contre la destruction par le chasseur indigène.

« C'est celui-là, surtout, qu'il faut viser, et c'est celui-là qu'on a tendance à épargner. C'est celui-là qui détruit réellement, et sans profit pour la colonie. »

*
* *

Cette communication est d'autant plus caractéristique qu'elle est énoncée, je le répète, par une haute individualité fort avertie; elle est le reflet de l'opinion ayant cours en Indochine sur cette importante matière.

Les lignes qui précèdent valent donc d'être commentées.

Elles attestent tout d'abord la valeur cynégétique de la colonie et affirment ainsi un fait, mis en doute par certains.

Elles nous montrent un groupe d'étrangers, venant tuer gratuitement chez nous des « pièces de choix », tigres ou aurochs, dont le trophée eût coûté à un sportsman cynégétique, en n'importe quelle colonie étrangère et au profit de celle-ci, de 1 000 à 2 000 francs par tête. A ceux qui, faute de savoir, douteraient, je rappellerai, exemple pris entre beaucoup d'autres, qu'on paie en Suède 2 000 francs pour un élan et que le nombre, limité, des permis est toujours absorbé d'avance.

Combien de grands sportsmen, étrangers surtout, consentiraient la très forte somme pour un auroch, attendu que les seuls points du globe où ce splendide animal puisse être abattu sont les réserves impériales d'Autriche et de Russie.

Par contre, cette communication démontre la nécessité des réserves. Seulement, celles-ci sont envisagées en l'espèce au point de vue personnel de l'auteur de la communication alors que seul leur caractère général présente un intérêt et une efficacité.

Elle souligne en outre le gros intérêt que présente l'exploitation cynégétique pour les populations comme pour les pays qui en sont le champ.

Mais aussi elle montre l'auteur, cependant

des plus instruits de ces questions, méconnais-
sant l'esprit et la lettre du projet de réglementation, lequel au contraire tient largement compte
de tous les desiderata exprimés :

Restriction de la chasse indigène.

Protection de la faune.

Instauration de réserves.

Statut spécial en faveur des résidants dans la
colonie.

Or, le rapport général de la commission de
réglementation cynégétique instituée au ministère
des colonies, document publié en une série de
feuilletons dans la *Dépêche Coloniale* et ailleurs,
contenait intégralement ces dispositions.

On ne peut tout lire, je le sais bien. Et pourtant, comment discuter « à fond », si la documentation n'est pas complète de part et d'autre?
En quoi les dispositions proposées sont-elles,
je vous le demande, incompatibles avec les
mesures de protection de la faune en général
comme de destruction évidemment indispensable
des fauves dangereux?

Je terminerai ces lignes sur une citation,
extraite d'un article paru dans le *Courrier d'Haïfong* du 10 janvier 1913.

Elle est de circonstance car, inspirée elle-même par un article du *Times*, elle montre le régime appliqué à la chasse et à la sauvegarde des espèces dans un pays voisin de l'Indochine : les États Fédérés Malais.

« … En ce qui concerne le gros gibier, disait cet article, des permis autorisant à tuer, au maximum, cinq animaux de variétés spécifiées, sont accordés aux résidants dans la Péninsule malaise. Le tarif en est de 25 dollars pour les résidants, et du double de cette somme pour les non-résidants. Mais les conditions sont telles que les personnes qui ne sont pas familiarisées avec le pays et qui ne savent pas le malais ont peu de chances de réussir. Sur le territoire de Dinding, il est absolument interdit de tuer ou de capturer le rhinocéros, et l'acquisition de fusils par les Indigènes a été découragée par l'établissement d'un permis annuel de cinq dollars. Dans l'Etat de Johore, les règlements sur la chasse sont encore plus sévères. »

La réglementation appliquée depuis en Afrique tropicale française, comme elle l'est dans les autres possessions européennes du Continent Noir, et projetée pour l'Indochine, n'a rien de ce caractère draconien. Elle n'en est pas moins nécessaire, tant au point de vue économique

que sous le rapport de la protection des espèces.   .

Mieux connue dans ses dispositions essentielles,
elle doit finalement réunir l'adhésion de la partie
éclairée de l'opinion indochinoise.

Loin d'affaiblir une telle appréciation, la citation que l'on vient de lire ne fait donc qu'af-
fermir les conclusions de la commission susmen-
tionnée.

Il faut en exprimer l'espoir : le moment venu,
l'organisation du tourisme cynégétique en Indochine sera reprise avec le souci exclusif des intérêts économiques de la colonie. Celle-ci doit
trouver dans cette branche nouvelle offerte à son
activité une considérable source de recettes com-
plémentaires. La démonstration de cette vérité
a été faite ailleurs dans une mesure telle que
l'échec d'une semblable initiative dans notre
propre domaine serait une marque d'infériorité
de notre part.

On doit espérer qu'il n'en sera pas ainsi.

CHAPITRE XVIII

LE TOURISME A JAVA

J'ai cité l'organisation touristique de Java comme un modèle. Je crois indiqué de donner une idée au moins succincte de ce qu'elle est, pour les enseignements qu'on y peut trouver.

*
* *

Voici seulement quelques années que les dirigeants de Java se sont tracé l'intelligent programme de tirer parti des beautés de la colonie pour y attirer le grand tourisme international et transformer un tel courant en une source de richesse, de mouvement fécond et de prospérité pour le pays.

L'entreprise ne manquait pas de hardiesse. Java n'est sur aucune grande route maritime. Sa position est excentrée. Les Hollandais ont pensé que, avec de la méthode et de l'esprit de suite appuyés matériellement sur des moyens d'action appropriés, ou devait atteindre le but. Ils se sont mis à l'œuvre, et voici les résultats, à ce jour : .

Il y a cinq ans, 400 touristes, annuellement, visitaient l'île. Pendant le dernier exercice, ce nombre avait atteint 4 000, et ce même chiffre venait d'être obtenu dans le seul semestre qui précéda la guerre.

Je livre ces données, de source officielle, aux méditations de tels hauts fonctionnaires coloniaux que je connais ou de ceux de mes concitoyens et de mes collègues de certains comités, qui me disaient : « Quoi, vous espérez arriver à créer un mouvement de tourisme vers nos colonies, vers l'Indochine? Illusion!... Rien à faire... » Et seule la politesse, je le devinais bien, les empêchait de me traiter d'utopiste, sinon de maniaque. Un autre de nos compatriotes d'Extrême-Orient trouva un argument plus fort encore : « Le seul résultat, peu souhaitable en vérité, de l'adduction des touristes dans un pays, me dit cet observateur aigu, est d'y augmenter le coût de la vie. »

Que celui-là soit satisfait, puisque notre Indochine reçoit à peine 150 visiteurs par an.

Les Anglais, les Américains, les Japonais, les Hollandais, les Italiens, les Suisses, ainsi que beaucoup de Français, heureusement, pensent autrement. Et l'influence du développement de l'industrie touristique sur celui d'un pays n'est plus niable aujourd'hui. L'exploitation du tou-

risme est même devenue l'une des préoccupations de premier plan des Pouvoirs publics chez
toutes les nations civilisées possédant les éléments nécessaires, de ce chef.

Le principe est donc hors de discussion.

*
* *

Il faut le déclarer de suite : la méthode, les
moyens d'exécution adoptés à Java sont, à de
tout petits détails près, la perfection même bien
que l'esprit général qui a présidé à la conception
de cette organisation diffère sensiblement de ce
qui est sous ce rapport au Japon, où le sens pratique et la clairvoyance de quelques dirigeants a
su attirer également vers ce beau pays un courant considérable et permanent de tourisme et
en faire une des sources de la fortune publique.

A Java, c'est une action combinée des Pouvoirs publics et d'un groupement d'initiatives
privées qui a déterminé ce mouvement.

Un bureau officiel du tourisme a été installé et
fonctionne sous le contrôle du gouvernement à
Batavia-Veltevreden, en plein centre de la ville ;
mesure un peu plus avisée que d'avoir été le dissimuler dans un quartier désert, où personne que
les rares habitants ne met jamais les pieds, comme
on l'a fait à Paris pour notre Office National du
Tourisme, mort-né il est vrai : ce qui n'aurait

aucune importance, le Touring-Club suffisant aux besoins, si cette singulière et récente fantaisie n'avait l'inconvénient d'ajouter à notre budget une charge non négligeable et parfaitement superflue, dont il aura en vérité moins besoin que jamais.

A la tête de l'administration javanaise du tourisme, on a placé un fonctionnaire polyglotte, infiniment aimable, homme du monde, connaissant son affaire sur le bout du doigt, et ne laissant à aucun sous-ordre le soin de recevoir les visiteurs. Je ne dis pas qu'un collaborateur aussi complet, aussi parfait de l'œuvre entreprise ait été facile à trouver, même en pays hollandais; il existe cependant : je l'ai vu de mes yeux, je lui ai parlé, je lui ai touché la main! En vérité, je vous le dis.

L'Office est logé dans un coquet pavillon, construit spécialement. Tous les renseignements que peut demander un touriste sont prévus. Quelques indications sur cette organisation dont j'ai seulement effleuré le sujet dans le chapitre relatif au tourisme en Indochine ne sont peut-être pas superflues ici :

Le visiteur désire-t-il passer une semaine dans l'Ile? Voici un programme correspondant à ce laps. Deux semaines, un mois? Autant de programmes. Recherche-t-il les beautés de la nature ou les monuments? Le tracé en est établi suivant la préférence. Les horaires et les changements de trains, le choix des hôtels où il convient de descendre ; les promenades à faire à chaque point d'arrêt, tout cela est indiqué avec tant de précision, de clarté, que le premier Perrichon venu n'ayant jamais affronté que les trains de bains de mer ou de plaisir, — oh ! plaisir?... — serait capable de « faire » Java avec autant de sûreté que le plus expérimenté des globe-trotters.

Une approximation de la somme à prévoir est donnée, afin d'éviter le « trop » qui comporte ensuite une grosse perte de change, ou le « pas assez » avec lequel on reste en plan.

Le voyage une fois arrêté, le touriste reçoit, gratuitement bien entendu :

Un gros guide illustré, contenant une carte de Java ;

Un petit guide spécial de chaque point choisi ; certains de ces opuscules comprennent une carte des promenades à faire, dressée avec une ingéniosité remarquable ;

Un indicateur simplifié des chemins de fer, spécial à l'usage du tourisme ;

Un vocabulaire anglo-malais.

« Tous ces documents sont en anglais, me dit en me les remettant mon aimable interlocuteur. Mais vous parlez l'anglais, « naturellement? » — Naturellement, » fis-je.

Avec l'anglais, langue internationale de tout l'Extrême-Orient, et le français, le voyageur se tire d'ailleurs parfaitement d'affaire à Java, sans l'assistance du cicerone salarié, souvent encombrant et toujours onéreux.

Le gros livret-guide contient certaines recommandations pratiques. Les moindres détails y sont prévus : jusqu'aux prix et conditions des « cornacs », qui doivent être des Natives parlant anglais. Natives également, les boys : pas de Chinois ni d'Hindous.

Les renseignements relatifs à la monnaie figurent aussi dans le volume, ainsi que ceux concernant le postage et les mesures de sécurité contre le vol, plus à redouter encore ici qu'en pays annamite.

En outre, un code télégraphique est fourni également et permet au voyageur de correspondre économiquement et facilement avec les hôtels, qui tous en sont munis.

Enfin, avis qui serait peu apprécié en France de la nuée des pourboirivores, fléau de notre pauvre bourse, il est bien recommandé au touriste d'être réservé dans ses bonnes-mains et de ne pas causer préjudice à autrui en gâchant les tarifs. Point bête non plus, cela.

*
* *

Tout cet ensemble d'organisation, appuyé sur une publicité judicieuse, continue, n'a pas été sans imposer des sacrifices. Les groupements et les individualités intéressés ont contribué aux dépenses pour une somme d'environ 40 000 francs et le gouvernement en a fourni autant.

Mais aussi quels résultats !...

Ces milliers de touristes attirés vers Java, d'Europe, d'Australie, d'Extrême-Orient et surtout d'Amérique ont apporté avec eux une vie, une richesse qu'il faut avoir constatées pour se rendre compte des choses. Partout : à Veltevreden, à Buitenzorg, à Soekoaboemi, à Bandoeng, à Garoët, à Djojka, à Solo, à Soerabaya, à Tosari et bien ailleurs encore, les hôtels ont, en ces deux dernières années, surgi comme par enchantement ; les autos, nombreuses, sillonnent les routes ; les industries et les commerces locaux trouvent dans cette activité une source, insoupçonnée voici seulement quelques années, d'affaires rémunératrices.

« Nos hôtels, nos paquebots ne désemplissent pas », me disait-on.

Et, je l'ai constaté parfois à mes dépens, cette affirmation est exacte ; nullement bluffée.

Cela s'est fait en peu d'exercices, quatre ou cinq au plus. N'est-ce pas remarquable ? Et, mieux encore, démonstratif de ce qui pourrait être obtenu dans notre Indochine ?

*
* *

Tout n'est cependant pas gagné lorsque, par une organisation parfaite, une publicité habile et bien diffusée, on est parvenu à attirer le mouvement visé vers l'objectif visé. Ce mouvement, il faut non seulement le fixer, mais, grâce à des moyens d'action strictement, complètement à la hauteur des besoins, voire des exigences de la clientèle en cause, le maintenir en état constant de progression; sinon, la publicité est, suivant l'expression si vraie, « faite à rebours ». Les gens, déçus ou s'estimant avoir été trompés, deviennent des adversaires et des détracteurs de ce qu'on a voulu parfois leur imposer avec un peu trop d'habileté. Et leur propagande a tôt fait de ruiner l'action des protagonistes de l'entreprise. L'échec se double alors des immobilisations, des sacrifices consentis.

L'organisation touristique de Java a échappé à ce danger et su mettre ses deux facteurs essentiels, moyens de transport et industrie hôtelière, parfaitement amenés au point, à la disposition des étrangers dont on sollicitait la venue.

*
* *

Le réseau ferré de Java est à voie d'un mètre. La grande transversale Est-Ouest de l'Ile est desservie par d'excellents rapides atteignant, vitesse considérable en raison de la voie, le soixante à l'heure. Wagons à couloir, restaurant, bar : tout y est.

Aux changements de train, des « courriers » commissionnés, appelés ici « Mandours », attendent les touristes pour les assister dans la manutention des bagages et éviter les erreurs de direction.

Européens et Natives voyagent dans des voitures distinctes.

Sur les lignes secondaires où le trafic local serait presque nul sans le touriste, des wagons spéciaux sont mis à la disposition de celui-ci.

Quant à l'industrie hôtelière de Java, elle représente partout et sans une note discordante, même dans des pays que nous qualifierions chez nous de « patelins », le summum du mieux. Tous les hôtels destinés au tourisme sont disposés suivant le dispositif dit « Pavillon-System » que j'ai décrit à propos d'Angkor. Chaque chambre a ses « communs » à part, y compris une salle de douches. La literie est d'un modèle particulier, mais très appropriée au climat. Les lits, entièrement métalliques, pourvus de moustiquaires, sont larges et confortables ; ils sont munis d'un matelas dur recouvert d'un drap unique. Une simple couverture, renouvelée pour chaque voyageur, tient lieu de dessus... facultatif. Ce mode de couchage, en pays chaud, est agréable et sain au possible. Au milieu de la chambre est un paravent formant penderie et recouvert lui aussi d'une moustiquaire afin d'interdire aux détestables anophèles le refuge, fort recherché par eux, des habits et de permettre à ceux-ci de sécher à l'air, hors du placard.

Ce détail encore, bien typique : les pièces sont carrelées : afin d'éviter sur le carrelage le bruit des meubles, tous les pieds de ceux-ci sont caoutchoutés.

Grosse lacune, par exemple : aucun appartement ne possède ni ventilateurs, ni femmes de chambre, ni portier. Par contre, tous ont, à chaque train, leur « Mandour », qui se charge des formalités, des bagages, des voitures ou des coolies.

Quelques hôtels ont leur omnibus automobile à la gare; de même que, presque partout, on peut louer des autos pour des promenades.

La cuisine est généralement bonne quoique un peu spéciale. Elle est surabondante : thé le matin, tiffin à neuf heures, lunch à une heure, thé à quatre heures, souper à huit heures.

Les menus sont partout en français, parfois un peu écorché, cela va de soi! M. Brieux s'est, dans son ouvrage sur l'Indochine et l'Inde, fort égayé de ces entorses données à notre langue par des maîtres-queux dont aucun n'a, certes, dans son propre pays, de prétentions académiques.

Je vois, moi, dans ce maintien du français sur toutes les tables bien tenues du monde un excellent effet de notre influence, car ces menus, rédigés de la sorte, familiarisent les étrangers avec un peu de notre langage ; ils attestent la supériorité de notre cuisine, donc de notre civilisation : en effet plus un peuple est civilisé, mieux il sait manger. Enfin, ces menus en français sont le meilleur agent de vente de nos vins, dont la suprématie mondiale reste entière et l'exportation un des plus importants facteurs de notre commerce extérieur. Loin de nous gausser de la façon parfois baroque, assurément, dont sont rédigés les menus à l'étranger, et de railler, ce qui aurait pour effet possible de faire renoncer au dehors à l'habitude prise, nous devons donc nous en féliciter et savoir gré à ceux qui la maintiennent. Sans compter que si l'on demandait à M. Brieux et à tous les académiciens réunis de rédiger ou simplement de comprendre un menu en annamite ou en malais?...

Les prix des hôtels sont à peu près uniformes partout, raisonnables, sans surprises, et dénotent comme l'identité du service une entente entre tous les exploitants de l'industrie hôtelière javanaise. Ceci, encore, est un avantage des plus appréciables.

Autre disposition au moins recommandable : les

conditions se traitent par « arrangement » : tant par jour; tout est compris, sauf la boisson; aucun faux-frais, aucun supplément n'est compté, pas même la voiture de la gare.

Voici un aperçu de prix pour un jour à deux personnes : 32 florins = 64 francs, comportant : petit déjeuner; tiffin, ou déjeuner de neuf heures avec thé; lunch et diner : les deux avec café.

Les vins sont surtout français et de bonne qualité. La bouteille de « Fronsac » se vend dans tous les hôtels de Java 2 florins = 4 francs. Aucun vin inférieur à ce prix n'est offert. De même que la bouteille de Saint-Julien, prix le plus bas de la liste, se vend à Singapore 2 dollars = 3 fr. 80.

Ces quelques indications montrent sur quelles données peut être organisée l'industrie hôtelière en Indochine.

Dans notre colonie, où la vie est moins coûteuse que dans les « Straits Settlements » ou à Java, ces prix, pris comme base, peuvent et doivent même être appliqués à la grande clientèle touristique qui les acceptera sans difficulté puisque ce sont ceux qu'elle paie ailleurs.

Mais il est essentiel de lui procurer un confort égal : propreté absolue, salle de douches et de toilette, — sans baignoire, — du type employé dans les pays précités; autant que possible, pour les constructions neuves on devra prévoir une pièce ouverte, un « compartiment » précédant la chambre.

Il est, en effet, très important de donner, autant que possible, au touriste, l'équivalent et, pour ainsi dire, la copie de ce qu'il trouve et qu'il a maintenant adopté à Singapore et à Java.

*
* *

Non seulement l'industrie hôtelière est l'assise de l'exploitation touristique, mais son rôle est si important qu'il peut, en certains cas, — et les exemples de ceci ne manquent pas, surtout au dehors, — comporter l'intervention matérielle, l'appui effectif de l'État, quelque répugnance que l'on soit en droit de professer en général à l'égard de l'étatisme.

Dans un ensemble de mise en valeur touristique intéressant tout un pays, les différents centres d'exploitation hôtelière forment un tout dont les divers éléments sont solidaires. Que telle partie de ce pays soit insuffisamment dotée, et cette infériorité se répercute inévitablement sur les autres parties de ce pays.

*
* *

Si l'on veut développer le tourisme en Indochine, on devra donc, à l'exemple de ce qui a été fait à Java, procéder à une organisation telle que toutes les parties de la colonie soient en état de réceptivité autant que possible équivalente. La chose est réalisable, puisqu'elle a été obtenue ailleurs. Or, en matière d'organisation, nous ne le cédons aux autres sous aucun rapport : ce qui est évidemment vrai, puisque c'est nous qui l'affirmons.

*
* *

Si j'ai tenu à vous entretenir ainsi de l'organisation du tourisme en un lointain pays ne possédant guère de lien avec nous, ce n'est point, croyez-le, sans un objectif précis : J'ai voulu, par un exemple tangible, frappant, montrer à nos compatriotes indochinois comme aux Français de France soucieux de l'expansion de notre domaine d'outre-mer, l'admirable parti tiré par les industrieux Hollandais dans une branche d'activité qui nous intéresse au premier chef, d'une colonie qui est, je l'ai dit, dans l'ensemble de ses beautés naturelles et archéologiques inférieure à notre Indochine et certes moins favorisée par sa situation en dehors des grandes routes maritimes.

Les déductions à tirer de cette étude, écrite *de visu*, sur place et d'après d'irréfutables données, m'ont paru d'un enseignement plus absolu, plus probant que n'importe quelle autre argumentation.

Il était donc nécessaire d'entrer dans tous ces

détails, certains d'apparence un peu secondaire, et d'insister notamment sur la façon dont a été comprise dans ce pays tout nouvellement ouvert au grand tourisme international l'exploitation de l'industrie hôtelière. Sans le concours de cette dernière, intelligent, moderne et actif, c'était l'échec; avec lui, au contraire, les dirigeants de la grande possession hollandaise sont parvenus à la doter en peu d'années d'un facteur nouveau et de première importance au point de vue de la prospérité économique générale.

Ce résultat doit nous être une leçon en laquelle nous puiserons, le moment « revenu », les données propres à mettre à notre tour en valeur l'admirable capital touristique que renferme notre empire colonial en général, notre Indochine en particulier.

CHAPITRE XIX

L'AUTOMOBILISME EN INDOCHINE

L'Extrême-Orient est à la veille d'une évolution, non seulement politique mais économique, rendue incalculable dans ses conséquences par la masse démographique qu'il représente. Je fus une première fois là-bas en 1909. En y retournant, quelques années plus tard, j'ai pu constater le chemin parcouru par la pénétration de la civilisation occidentale. L'Indochine, l'Insulinde s'ouvrent à leur tour à la civilisation blanche. Pour le Japon et Java, c'est œuvre faite depuis longtemps. Nul ne saurait prédire, à l'heure actuelle, où s'arrêtera l'ensemble de cette évolution.

Il est un domaine où elle est déjà singulièrement tangible : c'est celui de l'automobile. J'essaierai de vous donner un bref aperçu du point où en est actuellement la locomotion nouvelle dans notre colonie et débuterai, ici aussi, par un bref parallèle avec ce qui existe sous ce rapport à Singapore et à Java, puisque ces pays constituent les points de comparaison presque imposés à qui traite objectivement les choses de notre Empire Jaune.

*
* *

A Singapore, la riche capitale des « Straits Settlements », la population, qui atteint près de 400 000 âmes, renferme nombre de grosses fortunes dont une part importante est entre des mains chinoises.

On m'a cité le nombre, que je répète sans le garantir, de 3 000 autos pour toute la colonie. Ce qui est certain, c'est que dans les belles avenues de la grande cité, le long des routes de l'Ile assez étendue dans laquelle elle est construite, les autos abondent. Et, le soir, il est courant de voir les riches Chinois vêtus à la dernière mode, se prélasser en compagnie de leur famille : dames à petits pieds, vêtues de voyants costumes nationaux, bambins affublés de vêtements multicolores, en de luxueuses voitures dont la puissance détonne un peu avec le champ exigu dont elles disposent.

Peu à peu, les tronçons de routes qui desservent la presqu'île malaise se souderont, et l'automobilisme se développera proportionnellement. Ce développement y existe déjà. Ainsi, à Malacca, j'ai trouvé sur une place de la petite ville une station d'automobiles de louage! Les conducteurs étaient des Malais ou des Chinois.

J'en affrétai une, pour effectuer dans la contrée une randonnée qui s'effectua sans encombre.

Les marques anglaises dominent, naturellement; mais les nôtres ne sont pas absentes, loin de là. Le débouché offert à notre industrie par les « Straits Settlements » présente donc un incontestable intérêt.

Fait curieux, en ce centre si maritime et dont la navigation est l'assise économique, l'automobilisme nautique est encore à l'état embryonnaire.

*
* *

Dans l'opulente colonie néerlandaise de Java, où vit et prospère une population civilisée de 30 millions d'âmes, l'automobile occupe une place au moins égale à celle qui lui est dévolue dans les régions les plus favorisées sous ce rapport.

Le réseau des routes est d'ailleurs là-bas aussi complet, aussi parfait que dans les contrées d'Europe bien dotées à ce point de vue.

Les grandes marques françaises semblent bien tenir, et de beaucoup, le premier rang. Plusieurs d'entre elles possèdent dans les principaux centres, à Batavia, à Soerabaya, des agences importantes et leur faisant honneur.

Par contre en ce pays avancé, où l'on trouve d'ailleurs, comme à Singapore, à louer des autos aussi facilement qu'en France, quoique

à prix assez élevé — la vie est chère à Java —
l'automobilisme nautique est aussi peu développé qu'à Singapore.

*
* *

Un grand avenir est, au demeurant, assuré à
la navigation automobile dans toute cette partie
du monde, notre Indochine comprise, par l'abondance du naphte, d'ores et déjà exploité à Sumatra sur une échelle énorme par de grandes entreprises hollandaises et américaines.

D'autres extractions pétrolifères sont en voie
d'instauration à Bornéo, l'immense île à peu
près impénétrée jusqu'alors.

L'Insulinde est appelée à devenir d'ici peu
une des grandes pourvoyeuses de l'industrie du
pétrole.

*
* *

Sans être aussi développé que dans les deux
pays dont je viens de parler, l'automobile a déjà
atteint en Indochine une extension remarquable. D'après les données qui m'ont été fournies, Saïgon, à elle seule, ne compterait pas
moins de 300 autos.

Une maison importante y possède, notamment, un très beau garage et magasin d'exposition.

Il n'est pas douteux que l'automobilisme ne soit appelé à prendre dans tout le sud de l'Indochine une extension considérable. D'abord parce que ces pays sont territoires français, et que la France demeure par excellence le royaume de l'automobilisme. Puis, il y a de l'argent, là-bas : A commencer par les Chinois aisés de Cholen, lesquels à l'exemple de leurs compatriotes de Singapore n'ont pas été les derniers à goûter les charmes de l'automobilisme. Puis, ce qui est mieux encore, les routes sont nombreuses, développées, superbes, et traversent le plus souvent des régions jolies et variées.

J'ai enregistré des moyennes de 40 à l'heure : c'est dire le bon état des chaussées.

Cette situation, déjà favorable, ira en s'améliorant encore avec l'extension des routes du Sud-Indochinois. Leurs tronçons de centaines de kilomètres se rejoindront peu à peu entre eux de façon à constituer un réseau routier de premier ordre. Déjà, de Pnom-Penh, on peut aisément gagner Kampot, puis Kep, ou, vers le Nord, atteindre bientôt Battambang, s'il est donné suite aux projets élaborés par le distingué M. E. Outrey, lorsqu'il était résident supérieur au Cambodge.

Du Nord du Grand Lac, une route, desservie par automobile publique, conduit maintenant aux célèbres ruines d'Angkor.

Ce service n'est d'ailleurs pas le seul qui existe dans cette partie de notre Empire Jaune. Un autre fonctionne entre Kampot et Pnom-Penh. Deux encore, en concurrence, dont l'un subventionné, assurent le parcours de Thaï-Nin à Saïgon ; une entreprise dessert Saïgon-Cap Saint-Jacques. De sorte que l'on peut traverser transversalement dès aujourd'hui en auto le Sud de l'Indochine pour quelques piastres !

Voilà un démenti matériel donné à certaines critiques fantaisistes qui représentaient les routes indochinoises comme un outillage somptuaire, uniquement conçu en une série de « Tours d'Inspection » destinés aux promenades hygiéniques de MM. les fonctionnaires.

Une des célébrités de Saïgon, souvent appelée la Perle de l'Orient, fut longtemps le Tour de l'Inspection précisément ; agréable promenade circulaire à travers les environs immédiats de la capitale indochinoise. L'auto a tué le Tour de l'Inspection, devenu trop exigu pour la locomotion nouvelle et où ne fréquentent plus guère que les infortunés condamnés à la voiture hippomobile.

En auto, ce « Tour » était fait en un clin d'œil. Aujourd'hui, on va plus loin. Et l'une des moins

heureuses applications de l'automobile n'est pas
de servir de « rafraîchissement » aux gens fortu-
nés. On s'habille beaucoup à Saïgon, et l'on ne
reçoit pas moins ; le soir, après un dîner, ou à la
sortie du théâtre, on va, le plus souvent, les
hommes en smoking, les femmes en toilette dé-
colletée, une simple mante sur les épaules, faire
une heure ou deux d'auto à travers la campagne, sous le ciel radieux, étoilé, dans la moiteur douce des nuits d'Extrême-Orient. C'est délicieux...

*
* *

Les conducteurs ? Pour la plupart des Annamites, dont certains sortent de l'École des mécaniciens asiatiques de Saïgon.

Ils font d'excellents et parfois un peu trop
hardis pilotes, et sont parfaits... à la condition,
sauf pour ces derniers, que ne survienne en route
aucune panne compliquée.

Au surplus, la grosse majorité de nos « méca-
nos » Blancs n'en sont-ils pas là ?

*
* *

A quelque 350 kilomètres de Saïgon, se
trouve une région, élevée d'un millier de mètres,
et située à l'extrémité méridionale des montagnes

d'Annam. Il a été résolu, en principe, de le mettre en valeur et d'y établir un sanatorium. Aimablement, on décida de nous montrer cela, en auto. De Phan-Tiet, la station où l'on quitte le tronçon-sud du futur Transindochinois, une route assez passable conduit au pied des monts. Mais à partir de là, c'est — ou plutôt : « c'était encore », car cette piste allait être transformée en route — une piste sinueuse, taillée à flanc de montagne par l'administration locale, grâce à la prestation moï. A certains endroits la route a juste la largeur de l'empattement. D'un côté, c'est la muraille de roches ; de l'autre, le précipice. Et le sol est friable... Je ne sais comment nous n'y laissâmes pas nos os ! Moins heureuse, la voiture qui avait porté nos boys et nos bagages bascula le lendemain au fond d'un ravin profond. Le mécanicien fut tué.

Le charme du voyage est fait de souvenirs, dit-on ? Celui-là en fut un : fâcheux.

La route a d'ailleurs été, depuis, paraît-il, aménagée suivant les règles de l'art substituées aux moyens de fortune.

En Annam, le réseau routier est beaucoup moins parfait. Quelques autos à Hué, cependant.

Une route mène de Hué à Vinh. Elle est, paraît-il, assez scabreuse. De nombreux cours d'eau, franchis sur des ponts précaires ou par bacs, la coupent.

Dans la nuit matinale, le résident supérieur du Tonkin, le regretté M. Destenay, et le secrétaire général de la colonie, M. Van Vollenhoven, montés avec leur suite dans plusieurs automobiles, effectuaient le trajet Vinh-Hué, quand la voiture de tête, trompée par l'obscurité, s'engagea dans le lit assez à pic d'une rivière, où elle s'enlisa. Par une chance extraordinaire, le bac était demeuré sur l'autre rive, sans quoi, lancé, le véhicule l'eût franchi, et une catastrophe eût été inévitable. Les autos qui suivaient n'en vinrent pas moins en collision, en pleine eau, avec la première. Il y eut des blessés.

A part cet accident, peu banal en vérité, il ne ressort pas moins de tout ceci une démonstration des randonnées susceptibles d'être entreprises à l'heure actuelle, même dans cette région de l'Indochine.

*
* *

Au Tonkin, l'essor de l'automobile est en partie entravé par le mauvais état des routes, lesquelles, contraste sinon inexplicable administrativement du moins assez choquant, sont aussi médiocres dans cette partie de notre colonie qu'elles sont parfaites dans le Sud.

Quelques autos roulent à Haïfong et à Hanoï, cependant.

Un service public existe même entre Haïfong et Dosun, station balnéaire située à quelque 30 kilomètres de Haïfong.

*
* *

En Indochine encore, semblable défaut de navigation automobile que dans les « Straits Settlements » et à Java. A peine quelques vedettes. Rencontré cependant sur le Donaï, en Cochinchine, un beau chaland à moteur, neuf. C'est le seul que je vis. S'il est cependant un pays où l'automobilisme nautique semble devoir prendre un développement considérable, c'est bien celui-ci par le rôle prépondérant que joue la batellerie dans son existence économique.

*
* *

Telle est ici dans son ensemble la situation actuelle d'une industrie dans laquelle notre pays a su se réserver une si large part d'exportation mondiale.

Non seulement notre Indochine, mais tout

l'Extrême-Orient et l'Insulinde, tels qu'ils se présentent actuellement sous le rapport qui nous occupe ici, peuvent être considérés comme un champ d'action du plus haut intérêt et qui comporte d'être exploité, pour le présent, suivi dans l'avenir avec une attention toute particulière par l'industrie française.

CHAPITRE XX

POUR LA STABILITÉ, LA SPÉCIALISATION ET LE STATUT DES FONCTIONNAIRES

Nombre de fonctionnaires sont mes amis. Quelques-uns mes intimes.

En dehors de ceux-là, je ne professe aucune sympathie spéciale pour cette catégorie de mes compatriotes, en général. Et si, vis-à-vis des seconds un sentiment se faisait jour en moi, il serait plutôt frais pour la bonne raison que les rapports d'eux à ma modeste personne se sont généralement présentés sous la forme de débats entre représentants d'administration et ressortissant : cela énoncé dans le seul but de dire que quand je me suis parfois occupé des fonctionnaires pour défendre leurs droits, et de leur statut pour en déplorer l'incertitude, je l'ai fait parce que la cause me paraissait juste et digne d'attention ; et parce que, aussi, les intéressés, hiérarchisés, n'ont pas aisément la faculté de présenter eux-mêmes leur argumentation ; parce que, enfin, libre de toute attache avec eux, nul ne peut cher-

cher en mon dire d'autre objet que la libre
volonté de l'exprimer.

*\
* *

Il existe dans nos méthodes coloniales un principe à la fois absurde et néfaste, que sa générali-
sation et son ancienneté aggravent, loin de
l'excuser : c'est celui de l'instabilité des fonctionnaires. Le va-et-vient endémique des cadres
administratifs, d'une colonie à l'autre séparées
parfois par la moitié du monde, l'envoi d'un
collaborateur dans une région nouvelle pour lui
et dont il ignore tout, juste au moment où, commençant à connaître les choses de sa résidence
antérieure, celui-ci va pouvoir y rendre la pléni-
tude de ses services, est un de ces errements
constants dont l'absurdité choquante est avouée
individuellement par ceux qui le tolèrent ou le
provoquent. Cet état de choses subsiste cependant par cette sorte d'aberration aveugle dont est
empreinte l'action administrative dès qu'elle est
impersonnelle, anonyme et irresponsable.

Mais un tel système devient intolérable comme
une gageure contre le bon sens lorsqu'il affecte
le personnel d'une même colonie composée
d'entités absolument différentes, comme c'est le
cas de l'Indochine. Or il a fleuri de tout temps
et il continue de fleurir avec une intensité qu'il

m'a fallu constater par maints exemples pour y
croire. On y jongle, littéralement, avec les malheureux fonctionnaires : sans souci de leurs services, de leurs facultés, de leurs convenances, ou
même, simplement, de la convenance. Tel d'entre
eux, qui connaît à fond un pays, y a réussi, s'y
plaît, en est devenu le « right man » si difficile
à découvrir, de quelque domaine qu'il s'agisse,
est informé du jour au lendemain par la brutalité
de la voie officielle qu'il est expédié à l'extrémité
opposée du gouvernement général, dans une
contrée dont il a tout à apprendre et où, par le
changement de cadre et de conditions, ses qualités ont bien des chances de devenir négatives.
Tel autre, sur le point de prendre sa retraite, et
dont, normalement, logiquement, la carrière devrait se terminer dans sa résidence présente, se
voit expédier avec sa famille en un poste qu'il
mettra parfois des semaines à atteindre, si bien
qu'il y parviendra juste au moment de l'expiration de ses fonctions.

Affaires en suspens ou en souffrance, molesta-
tion pour le fonctionnaire, charges énormes et
stériles pour le Trésor, intérimat à jet continu
sont les conséquences de semblables méthodes.

Un tel système vous paraît si illogique que
vous croyez, j'en suis certain, à de l'exagération
de ma part; ou bien vous pensez que, par
un esprit blâmable et trop familier à certains
écrivains, je fais en ce moment, partant d'un

fait particulier, un procès de tendance en généralisant? Détrompez-vous. J'ai, notés, dix, vingt exemples de cas semblables : connus, désapprouvés là-bas.

Je vous en citerai un seul, sans mettre de noms en avant; rien n'étant plus contraire à la force d'une thèse que l'intervention de questions de personnes :

Il existe en Indochine une région admirable, entre beaucoup d'autres; peuplée; accessible facilement de la mer et de la voie ferrée; et pour pénétrer laquelle une bonne route manquait seule. Mais cette route était un gros travail. Le pays est montagneux et forestier; la main-d'œuvre, spéciale et nécessitant une connaissance approfondie des populations particulières à cette région; la dépense énorme. Aussi, pendant des années, hésita-t-on, recula-t-on devant l'entreprise.

Cependant, un jour, deux fonctionnaires, le second, collaborateur de l'autre, connaissant tous deux le pays et l'aimant, s'attellent spontanément à l'œuvre. A force d'énergie, de persévérance, ils ouvrent une route, avec leurs seuls moyens locaux et le secours de la prestation; bien embryonnaire, bien imparfaite encore, pourvue de simples moyens de fortune; mais, tout de même, une route qui permet, après tant d'années d'attente, l'accès de la région. Leur effort intéresse. On étudie la question en haut lieu; et un crédit suffisant est enfin accordé. Pour construire une véritable et exploitable voie d'accès, il semblerait que le chef, l'homme qui a été le promoteur, le protagoniste de l'entreprise soit l'agent d'exécution tout désigné. Cela est si indiqué, si simple, si logique que le contraire vous paraît impossible. Eh bien! c'est cependant ce contraire qui est décidé : le fonctionnaire, dont la carrière touchera bientôt à son terme, est dessaisi de l'exécution. Et celle-ci est confiée à un autre, nouveau venu auquel il va falloir se mettre entièrement au courant des choses et tâcher d'harmoniser sa propre manière avec celle du second collaborateur, dont l'identité de conception et d'initiative avait, avec le chef précédent, seule assuré le succès. Quant au prédécesseur, il est envoyé à des milliers de kilomètres de là, dans une région tout autre, apprendre de nouvelles fonctions, qu'il n'a pas désirées et que le point où il en est de son *curriculum* administratif lui permettra d'exercer seulement pendant un court laps.

Le titulaire antérieur de cette nouvelle résidence était parti, laissant le poste vacant. On attribuait au successeur, il est vrai, avec mission d'expédier les affaires courantes, les frais de représentation et de tournées se montant à une somme importante, dont devait régulièrement bénéficier cet emploi supérieur. L'intérimat, déjà fâcheux en soi mais au moins régulier, découlait donc naturellement de cette situation.

Nul de ceux qui sont rompus avec les méthodes de notre administration coloniale ne supposeront un instant que les choses se passèrent ainsi, comme le voulaient la logique et l'équité la plus élémentaire : peu de temps après, un autre fonctionnaire, égal en grade, d'ailleurs personnalité fort distinguée, mais plus jeune que le premier, venait remplir les fonctions d'intérimaire, mettant en sous-ordre celui qu'on avait, de si loin, enlevé sans son gré à son poste primitif.

A cet homme, ainsi lésé, pour faire avaler la couleuvre, on laissa espérer à son tour l'intérimat... lorsque le nouveau titulaire en fonctions prendrait à son tour son congé.

Vous jugez, soit dit incidemment pour généraliser, combien la bonne gestion des affaires publiques dans une colonie est chose possible avec ces perpétuels changements de personnes, et l'intérimat endémique.

La situation ainsi créée était fausse. Elle ne dura donc pas. Et, cédant la place à son collègue titulaire de l'intérimat, le fonctionnaire fut envoyé de nouveau au chef-lieu de la colonie, pour y représenter les intérêts du gouvernement en question.

Il avait mis des semaines à venir, avec sa famille, en ce lointain pays, y avait à peine séjourné, et repartait, durant d'autres semaines d'une route interminable, ayant ainsi perdu des

mois, inutilement éprouvé les fatigues d'un dur
voyage et coûté fort cher au Trésor pour un
résultat nul.

Tout ceci n'est déjà pas mal, comme vous
voyez. Mais il y eut mieux, et tout à fait digne du
jugement le plus sévère :

Le service financier refusa de payer à l'inté-
ressé les indemnités formellement promises, et
ce, sous prétexte que la nomination d'intérimaire n'avait pas paru !

Si bien que cet invraisemblable avatar s'est
traduit pour ce fonctionnaire honorable, dévoué, qui, non seulement n'avait pas démérité,
mais au cours de sa longue carrière avait rendu
les plus signalés services, par une grosse perte
d'argent.

Cas isolé? Non point : courant. Je connais un
autre fonctionnaire, un petit, celui-là, qui a
depuis longtemps démontré à ses chefs, chiffres
en mains, que l'indemnité fixée pour ses déplacements est inférieure aux frais obligés, débour-
sés. On a reconnu le bien fondé de sa plainte,
promis d'en tenir compte. Il y a des années
de cela. Il attend toujours. Mais entre temps
les traitements de certains grands chefs ont été
augmentés.

Et tant d'autres « espèces », que nous savons
tous, les uns ou les autres !

Si cela ne s'appelle pas reculer les bornes du
contresens?...

*
* *

Autre fait : Un administrateur occupe un poste particulièrement délicat, exigeant, avec du tact, de nombreuses qualités, qu'il possède d'ailleurs. Il a donné sa mesure dans ce poste et s'y trouve à sa place. Un beau matin on le lui enlève sans crier gare pour l'envoyer dans un autre gouvernement remplir des fonctions toutes différentes et contraires à ses goûts comme à son statut personnel. L'intérêt public peut-il ne pas souffrir de cette décision?

Dernier exemple : un grand chef a deux collaborateurs qu'il considère comme précieux et auxquels il tient. On les lui prend sans préavis, sans raison apparente, pour les affecter à une destination impropre et les remplacer par de nouveaux venus qui auront à faire leur apprentissage, donc débutent en apportant avec eux des chances d'insuccès !

Il semblerait véritablement que l'on s'ingénie, dans certaines sphères, à accumuler les difficultés et les charges en un domaine où les choses ne sont déjà pas si commodes à mener à bien.

Au surplus, ces méthodes ne sont nullement particulières à l'Indochine, je le répète. J'ai eu jadis l'occasion de citer le trait suivant tenant un peu du casse-tête chinois et recueilli en Afrique : Un gouverneur, titulaire d'un gouvernement dans un gouvernement général, et exerçant un intérimat dans un autre gouvernement du même gouvernement général, tandis qu'un intérimaire remplaçait ce gouverneur dans le gouvernement dont ledit gouverneur était titulaire.

Vous croyez peut-être que je vous raconte une farce, et cela y ressemble en effet, j'en conviens. Loin de ma pensée un tel dessein, cependant. D'ailleurs le cas et les noms sont bien connus en Afrique.

Ce que je viens d'exposer, relativement à l'Indochine, s'aggrave en outre d'une considération générale qui mérite une sérieuse attention : c'est le statut même des fonctionnaires coloniaux ; ou plutôt, l'absence de ce statut ; et, comme conséquence, la part d'arbitraire que comporte une semblable situation.

Réglementairement, la retraite est acquise au fonctionnaire colonial à cinquante ans d'âge et vingt-cinq ans de services. Cette règle peut être critiquée, modifiée. Mais, enfin, c'est une règle.

Où elle disparaît, par contre, pour être remplacée par l'arbitraire, c'est quand la faculté est laissée à ceux dont en dépend l'application, d'y recourir ou de différer, à leur gré. La situation, résultant de ce chef pour les intéressés, est à la fois insupportable et odieuse. Du jour où les conditions de droit à la retraite sont remplies, le fonctionnaire vit littéralement « sur la branche », dans un perpétuel qui-vive. Tout courrier, tout télégramme reçu peuvent lui apporter la nouvelle qu'il est cassé aux gages, à peu près avec autant de formes qu'on en met à se priver des services d'un domestique qui vous a brisé volontairement un objet de prix. Vous jugez de la liberté d'esprit que peut apporter à remplir sa mission, d'autant plus importante généralement que le fonctionnaire est plus avancé dans sa carrière, quelqu'un qui se trouve dans une aussi précaire situation. Et cela, encore, est déplorable à tous égards.

*
* *

Arbitraire, disais-je? Comment qualifier autrement un régime laissant en place tels fonctionnaires ayant depuis longtemps dépassé la soixantaine, — et cette faveur, dans mon esprit n'est point un reproche ni ne vise aucun cas particulier, — tandis que d'autres moins heureux sont, en dépit parfois de superbes états de services et d'une verdeur visible, indiscutable, brusquement renvoyés sans avis préalable ni formes : simplement parce qu'ils déplaisent à quelqu'un, ou qu'on a besoin de leur place pour satisfaire une ambition « à la suite ».

18

De semblables pratiques sont intolérables. Elles appellent, au nom de l'équité comme à celui du droit de l'individu, une réforme urgente.

*
* *

Un dernier point : quels sont, en fin de compte, les responsables de semblables errements?

Le gouverneur général? Le secrétaire général? Les gouverneurs ou résidents supérieurs? Ceux-là, déjà victimes eux-mêmes, le plus souvent, d'une instabilité endémique trouvent en arrivant dans la colonie un ordre de choses établi. Ils le respectent, tout en le blâmant peut-être *in petto*.

L'administration centrale? Les immixtions de celle-ci dans les affaires intérieures de chaque colonie ne sont pas toujours heureuses et pèchent souvent par défaut de compétence pratique. Elles sont donc à éviter autant que possible.

L'action, enfin, les empiétements de fonctions, de la part de certains sous-ordres : collaborateurs indispensables, sans doute, mais dont les pouvoirs — par surcroît de travail, aversion du détail chez les chefs — dépassent parfois l'âge, l'expérience et la personne?

C'est là surtout, se pourrait-il bien, que réside la cause des fausses manœuvres répétées, des mesures inopportunes et brutales dont se plaignent avec raison tant de fonctionnaires lésés dans leurs attributions ou dans leurs droits.

Que ce soit cette cause ou toute autre, le mal existe, profond. Le mécontentement, ici; là, le découragement règnent dans tout un milieu de bons serviteurs à l'égard desquels il est arrivé d'agir avec un sans-gêne, une dureté, que l'on se fût gardé d'employer vis-à-vis du moindre groupement électoral ou syndicaliste.

Ce qui surprend et domine, c'est qu'avec un semblable défaut de statut ferme, de toute garantie, les difficultés de recrutement que commencent à rencontrer les fonctions publiques depuis quelques années ne s'accentuent pas davantage.

Les jeunes ont, il est vrai, les belles illusions de leur âge. Mais au train dont vont les choses, ils finiront par les voir sous le jour réel, eux aussi. Et alors, gare à la grève des candidats. Ce sera la revanche des faits. Puis, peut-être les nouvelles générations seront-elles moins endurantes?...

Il ne saurait convenir que l'on en arrive à se trouver à un moment donné en présence d'une réaction collective contre ce qui est actuellement. Il serait, en tout état de cause, plus juste et plus sage à la fois, plus profitable aussi à l'autorité des dirigeants comme à la bonne marche des affaires, de prendre les devants en octroyant aux fonctionnaires des conditions rationnelles, normales dans l'exercice de leur profession par l'octroi d'un statut déterminé, exclusif de tout arbitraire?

Me trompé-je? Il me semble bien, pourtant, que c'est le cas ou jamais de dire que, suivant la formule, « poser la question, c'est la résoudre ».

CHAPITRE XXI

LE PROLÉTARIAT ADMINISTRATIF EUROPÉEN

C'est un sujet assez délicat à aborder que celui du « prolétariat administratif » européen dans nos possessions d'outre-mer. Aux yeux de beaucoup de métropolitains, les colonies doivent jouer, vis-à-vis de la Métropole, non pas le rôle de facteur économique, mais celui d'exutoire à fonctionnaires. Il s'est même créé là-dessus, en France, une légende, exagérée, certes, jusqu'à l'absurde, mais excusable par certains exemples exacts.

Par contre, on n'a pas encore compris, chez nous, que les colonies, — les colonies d'administration, ce qui est le cas de l'Indochine, et non celles de peuplement, — ne sont pas faites pour recevoir des agents administratifs, voire des collaborateurs particuliers salariés, peu payés et destinés à y remplir des fonctions inférieures. Tout au plus une exception peut-elle être admise en faveur de quelques emplois de début, antichambre et apprentissage de futures fonctions supérieures.

Une méthode s'impose donc, en ces pays où

le climat est d'autant éprouvant à la longue que l'Européen y jouit d'un moindre confort, très incompatible avec la cherté plus grande de la vie : c'est celle, adoptée d'ailleurs par les Anglais, les Yankees et les Hollandais et qui consiste à réserver les situations de haute direction aux Européens, quitte à former dans chaque branche des auxiliaires indigènes.

On me citait là-bas tel poste de gardien de phare, aux appointements de 2 500 francs, pour lequel les candidats français ont été légion. On eût payé, pour ce métier, un indigène 1 200 francs. Celui-ci eût aisément vécu avec cette solde qui représente ici la misère pour un Blanc, parfois chargé de famille et si modeste soit-il. Une semblable conception du rôle de l'Européen aux colonies est néfaste au point d'imposer le devoir de défendre contre eux-mêmes les malheureux qui s'en croient les bénéficiaires.

Je me faisais un jour à Saïgon cette réflexion en voyant un postier, homme d'âge mûr, transporté de France à grands frais, auquel il faudra payer voyage de retour et congé et dont les fonctions consistaient à... vendre des timbres à un guichet de la poste! Ce fonctionnaire coûte évidemment cher au budget; il vit dans des conditions certainement défectueuses. Un Indigène instruit le remplacerait aussi bien, au moins sous le rapport professionnel; et avec avantage au point de vue de la dépense. La présence et le rôle ici de ce petit employé français ne sont-ils pas un non-sens?

Ce non-sens est double car il atteint toute une classe de nos sujets, spécialement intéressante, dans leurs intérêts immédiats. En effet, nous avons créé des écoles, formé une catégorie d'Annamites dont l'instruction dépasse, pour beaucoup, notre certificat d'études. Un certain nombre d'entre eux poussent plus loin et atteignent l'équivalent du brevet secondaire. Quelques-uns, enfin, arrivent aux études supérieures; il en est même parmi ces derniers qui viennent les compléter en France. Or, la plupart des Annamites ne comprennent pas que l'obtention d'un brevet ne soit pas l'équivalent du droit à une fonction : conception dont l'interprétation absolue est fausse, assurément, puisque le ou les diplômes dont nous garnissons nos poches ne nous donnent, à nous-mêmes, pas plus de droits. Il n'en demeure pas moins que ces jeunes gens, appelés par nous dans nos écoles à s'initier à notre langue, à nos connaissances, nous nous devons de leur en réserver, sous certaines conditions, l'utilisation lucrative dans leur propre pays. Il y va là de notre intérêt comme de celui de l'élite annamite. Et, à ceux qui douteraient de cela, je citerai de nouveau l'exemple des colonies anglaises et hollandaises, où tous les emplois susceptibles d'être occupés par des Autochtones, dans les postes et télégraphes, sur les bateaux, dans les administrations publiques ou privées, les douanes, la police, les travaux publics et partout ailleurs sont confiés à ces derniers.

Les administrations privées recourent dans une large mesure, faut-il l'ajouter, aux auxiliaires indigènes. Les seules fonctions auxquelles il convient, par contre, de les affecter avec circonspection seraient, paraît-il, celles comportant des maniements de fonds de quelque importance, la notion du tien et du mien n'étant pas la qualité dominante de l'Annamite. On me citait à ce propos une locution typique : lorsqu'un Indigène est coffré pour un délit quelconque : « C'en est un qui n'a pas eu de chance », disent de lui ses compatriotes.

Au fait, c'est quelquefois vrai, même en France.

Cette réserve faite quant à l'attribution des fonctions, le fond même du principe apparaît indiscutable.

CHAPITRE XXII

LES CHINOIS EN INDOCHINE

Les Chinois : une des grosses questions de l'Indochine. Ils y représentent une grande agglomération urbaine : Cholen. Mais ils y sont partout : compradors, marchands, manœuvres, gros négociants, tenanciers de boîtes louches ou de fumeries, artisans, mineurs, usuriers, planteurs ou colons. D'un maniement difficile, âpres, envahissants, industrieux, travailleurs et fourbes, ils sont à la fois un danger et une force pour l'Indochine : danger par l'infiltration généralisée d'une race prolifique, inépuisable, et qui ne s'assimile pas ; force par l'énorme facteur économique qu'elle représente avec d'autant plus de valeur effective que, à de rares et d'ailleurs remarquables exceptions près, l'Annamite reste réfractaire aux affaires de quelque envergure. Or nombre de ces dernières demeurent inaccessibles directement à l'Européen. Le Chinois y supplée.

Son immigration est bien, il est vrai, surveillée et régentée par une administration spéciale, fort opportunément rigide. L'immigration ne s'en

poursuit pas moins, intense ; et il ne manque
point de nos compatriotes pour voir en elle un
péril, difficile à conjurer car la question est infiniment complexe.

*
* *

Une des formes sous lesquelles le Chinois exige
le plus d'attention est son action collective, économique ou politique : action dont il a le sens à
un degré étrangement incompatible avec l'indi-
vidualisme féroce, qui constitue une des caractéristiques les plus accusées du caractère chinois.

L'accaparement est une de ces formes. Le Chinois accapare tout et tant qu'il peut. Un exemple :
au moment des fêtes du Têt, le Jour de l'An annamite, occasion de dépenses multiples pour les
plus humbles Annamites, — au point que, à ce
moment, les journaux de là-bas rappellent aux
Européens de veiller aux vols de leur personnel,
— les Chinois organisent l'accaparement... des
sous : au demeurant, tout comme chez nous
d'autres trafiquants, Blancs ceux-là et non
Jaunes, l'auront fait pendant la guerre : *Nihil
novi*... Ici, cette spéculation a pour effet d'obliger les Annamites, voire les Européens, à payer,
pendant la période du Têt, un petit change pour
monnayer un billet d'une piastre !

La solidarité politique des Chinois s'attaque
aux objets les plus imprévus.

Ce trait : un aviateur russe était venu donner quelques séances en Indochine. Les Chinois, qui faisaient alors grief à la Russie de son action en Mongolie et en Mandchourie, le boycottèrent. Le boycottage est, en effet, devenu une de leurs armes favorites. Et non seulement ils se sont abstenus, mais ils ont interdit à leurs employés annamites d'assister aux meetings organisés par le Russe.

Le moyen de réprimer ces faits n'est pas aisé, avec notre législation. Politiquement, ils méritent une sanction. Pratiquement, ils échappent à toute répression. Dans une certaine limite, tout au moins, déterminée par le droit d'expulsion. Ils n'en sont pas moins dignes de préoccuper l'opinion.

*
* *

On excipe, contre le Chinois, d'autres griefs, plus immédiats. Les commerçants chinois ne tiennent généralement pas, à l'exception de quelques grandes sociétés montées à l'européenne, de comptabilité régulière suivant nos usages. En cas de d éconfiture, les comptes sont inextricables. Et les créanciers le plus souvent lésés sans recours. Cependant, imposer à ces Jaunes notre comptabilité équivaudrait à la disparition de la plupart des maisons chinoises. L'intérêt général souffrirait gravement d'une telle mesure.

Illégalité d'une part, dommage public de l'autre. La solution n'est pas commode ; pratiquement tout au moins.

Pour comble, le Chinois qui est pourtant bien chez nous un « sujet étranger appartenant à une puissance reconnue » jouit du droit singulier de recourir à la juridiction indigène, dans ses conflits, soit avec ses propres compatriotes, soit avec des Annamites. Une telle tolérance est nettement abusive et justifie les plaintes auxquelles elle donne lieu.

Dans toute l'Indochine, les Chinois ont monopolisé à peu près exclusivement, et en dehors de quelques compagnies françaises, la batellerie à vapeur, base même de l'activité économique du pays. Leurs chaloupes malpropres, ferrailleuses, grossièrement peintes de couleurs criardes, un bout de pavillon français invariablement arboré à l'arrière, sillonnent, innombrables, bondées de passagers et de marchandises, tous les cours d'eau navigables et desservent les moindres bourgs. Cette flottille rend donc des services d'autant plus inappréciables que la concurrence semi-officielle et largement subventionnée qu'elles ont devant elle dans l'Indochine méridionale a un caractère commercial très secondaire. Mais, par contre, les tarifs, infiniment bas du bateau chinois, grâce à des frais généraux réduits au minimum, et pour cause, et à la façon dont les armateurs éludent, parfois sans souci de la sécurité la plus élémentaire, les charges résultant de l'application de la réglementation, en font des concurrents à peu près imbattables pour toute entreprise non subventionnée : donc pour un autre armement que les quelques firmes françaises dans ce cas.

* *
*

Les Célestes jouissent ainsi, en Indochine, on le voit, d'une situation très spéciale, et fort exagérément privilégiée aux yeux de nombre de nos compatriotes. Mais d'autre part, ils sont, disons-nous, un facteur essentiel de la prospérité de notre grande colonie.

Leur établissement, en progression dans notre territoire, demande donc à être suivi avec attention et sévèrement maintenu dans les limites compatibles avec nos propres intérêts.

D'autant plus que le Chinois parvenu est un Mossieu, extrêmement féru de sa personne. Il se sait aussi le citoyen d'une nation qu'il sent vaguement en passe de devenir une puissance moderne, un Japon monstrueux. Rêve lointain, sans doute, s'il devient jamais réalisable, mais que le Chinois caresse confusément.

Finies, en Indochine tout au moins, les robes de soie, les nattes, les calottes à bouton et les chaussures feutrées. Le Chinois d'aujourd'hui est habillé à l'européenne, porte les cheveux coupés court et affiche des allures, sinon encore hautaines, — cela viendra — du moins délurées parfois jusqu'au sans-gêne. C'est, aussi bien, un personnage qui demande à être tenu très serré, si l'on veut qu'il demeure maniable. Car lorsque le pli sera pris !...

*
* *

J'ai cité tout à l'heure le « comprador ». Le comprador, toujours un Chinois, est spécial à l'Extrême-Orient; il y constitue le pivot de toute affaire européenne. Il est l'intermédiaire obligé, nécessaire, entre les Extrême-Orientaux et les firmes occidentales ou américaines. Dans nombre de cas, il traite pour son compte, et est ducroire. Il verse d'ailleurs à la maison à laquelle il est attaché un cautionnement proportionnel à l'importance des transactions dont il est chargé.

Ainsi, le comprador de la Banque de l'Indochine à Saïgon est un très gros personnage, dont le cautionnement atteint plusieurs centaines de mille francs.

Ce type spécial d'auxiliaires, peu connu en Europe, comportait d'être signalé ici, en passant.

*
* *

On s'est souvent posé, non sans quelque inquiétude, cette question : Quelle est l'action du Chinois sur l'Annamite? Le premier est-il à même d'exercer sur le second une influence anti-européenne, donc antifrançaise? L'unanimité des renseignements que j'ai recueillis sur ce point me permettent de répondre négativement. Il y a répulsion plutôt qu'attirance entre les deux races. D'abord, le Chinois a, de tout temps, pressuré l'Annamite, quand il ne l'a pas rançonné ou molesté.

A notre contact, l'Annamite se forme progressivement; il commence à secouer le joug commercial du Chinois; les deux peuples ne parlent pas la même langue. Ils diffèrent aussi profondément au physique que d'aptitudes. Même vêtus à l'européenne, — encore que les Annamites soient, en grande majorité, restés fidèles à leur costume, à leur coiffure, — les uns se distinguent, au premier coup d'œil, des autres. La femme annamite, souvent gracieuse, n'étaient ses affreuses dents laquées en noir qui la déparent si fâcheusement, se différencie de la femme chinoise plus nettement peut-être encore.

On ne saurait soutenir que l'Annamite ne s'assimilera jamais à nous : dans une certaine mesure tout au moins, que je crois, pour ma part, assez faible. Par contre, le temps, est-il permis d'affirmer avec certitude, ne fera qu'accentuer le fossé séparant, à l'heure actuelle, l'Annamite du Chinois.

*
* *

M. Harmand, ancien ambassadeur, qui s'est, lui aussi, préoccupé du rôle et du statut des Chinois en Indochine, l'a apprécié en ces termes :

« On sait que les adversaires des Chinois leur reprochent leur parasitisme, leurs vices particuliers et leur action corruptrice, le drainage d'argent qu'ils opèrent, en appauvrissant les pays sur lesquels ils ont jeté leurs filets, l'exploitation usuraire des Indigènes, la concurrence invincible qu'ils exercent sur les tentatives commerciales et financières de ceux-ci, tuant ainsi dans l'œuf les progrès économiques de nos sujets, base et ressort de leur perfectionnement moral et intellectuel. Les administrateurs les accusent de constituer des États dans l'État, d'échapper à nos polices grâce à leurs organisations secrètes et à leur impénétrabilité, et d'être un ferment constant de résistance entre nos efforts d'améliorations sociales, hygiéniques, municipales ou politiques.

« Par contre, leurs avocats, généralement gens d'affaires, font valoir leur honnêteté en affaires, pourtant non indiscutable, leur activité commerciale qui sait découvrir des matières nouvelles négligées par les indigènes. En outre, leur concurrence limite la cherté des fournisseurs européens, et ils s'acquittent d'une foule de petits métiers indispensables à la vie locale.

« Mais l'essentiel n'est pas là. Les Chinois gardent rancune à l'administration française de les avoir soumis à un contrôle toujours possible par l'obligation — demeurée platonique dans la pratique — de tenir leur comptabilité en français. Et il faut tenir compte qu'ils viennent presque tous des provinces méridionales de la Chine, où le tempérament est plus excitable, plus combatif, plus conspirateur-né et plus xénophobe. »

Et M. Harmand est d'avis qu'il est temps de conclure avec la Chine un accord à même de régir pour longtemps cette immigration dans notre colonie.

Ce dernier point est sujet à réserves. Nous n'avons nullement, peut-on penser, à faire intervenir le gouvernement chinois dans notre réglementation relative à l'immigration.

Nous devons, bien plutôt, nous inspirer des procédés, auxquels les Anglais ont recours pour attirer, canaliser et utiliser dans certaines de leurs colonies le concours chinois : financier, commercial et ouvrier.

Ce sont les Anglais qui ont inventé Hong-Kong et Singapore ; eux qui ont créé la contexture de ces deux extraordinaires métropoles, surgies en cinquante ans, et devenues, l'une, le plus grand port du monde par le tonnage ; la seconde, parmi les plus grands.

Mais, cette contexture, ce sont les Chinois qui l'ont remplie, qui ont complété l'édifice, qui lui ont donné l'ampleur d'activité dont nous constatons le développement aujourd'hui.

Et sans les Chinois, Hong-Kong, Singapore, les « Straits-Settlements » eux-mêmes, fussent restés des colonies secondaires.

Est-ce que ce concours des Chinois à leur œuvre empêche les Anglais d'avoir conservé à celles de leurs colonies que je viens de citer un caractère nettement britannique? Seuls, ceux qui ne les ont pas visitées pourraient mettre cela en doute. Encore, les deux gouvernements, celui de Singapore comme celui de Hong-Kong, sont-ils loin d'y employer vis-à-vis des Célestes la manière forte que l'on pourrait supposer : au point de susciter d'assez vives critiques de la part de l'élément britannique privé, ajouterai-je pour mentionner seulement le fait.

Il faut donc prendre les Chinois tels qu'ils sont, avec leurs qualités, leurs défauts ; et savoir — car c'est le but principal, essentiel — utiliser au mieux et pour le plus grand profit de notre colonie le puissant facteur économique qu'ils représentent.

Ce résultat peut s'obtenir sans tolérer, comme on le craint, comme aussi l'affirment certains, qu'ils constituent en territoire français un État dans l'État, tout en admettant qu'ils restent eux-mêmes et réfractaires à toute assimilation.

Un trait, à ce propos :

Nous avons créé à Cholen, « ville chinoise » a-t-on coutume de dire, une très remarquable organisation d'assistance médicale indigène : de tout premier ordre, vraiment.

Cela n'empêche pas la nombreuse congrégation chinoise d'entretenir dans cette ville un hôpital « cantonnais ». Les soins y sont donnés suivant les méthodes « célestes », ainsi nommées sans doute par la sûreté avec laquelle elles envoient au ciel leurs patients. Cet établissement est placé, au point de vue de l'hygiène, sous la surveillance de l'administration. Cela lui vaut une propreté relative.

Mais cette obstination d'une partie, moindre, il est vrai, de la population chinoise à ignorer notre effort dans le domaine sanitaire n'est-elle pas significative?

*
* *

C'est devenu en France un lieu commun de dire que l'Indochine, et en particulier la

Cochinchine, est un champ d'affaires accaparé exclusivement par les Chinois, et, dans une mesure moindre, par les Allemands.

Cela n'est pas exact. Les immenses rizeries de Cholen sont, assurément, exploitées en majorité par des firmes chinoises. Le fait que certains Chinois d'Indochine ont abandonné leur spécialité de négociants pour devenir usiniers est même à noter, car il est relativement exceptionnel. Mais cela tient aux conditions spéciales des affaires en ce pays : l'Annamite est imprévoyant. Souvent il ne conserve par devers lui ni les semences nécessaires, ni l'argent pour en acheter. Intervient alors le Chinois à l'action duquel nul Européen ne saurait guère se substituer dans ce genre d'affaires. Les négociants chinois font sillonner le pays par des jonques et des chaloupes chargées de pacotille, de riz, de semences ; les gérants de ces flottilles avancent les graines nécessaires au paysan pour ensemencer sa rizière. La production est ainsi achetée avant terme : à bas prix, naturellement.

Mais l'éducation de l'Annamite s'est faite peu à peu, grâce en partie à la sollicitude administrative. Il devient plus prévoyant, reste mieux maître de sa récolte et la vend au cours le plus élevé. Au point que la hausse des riz, jointe à deux mauvaises années qui ont raréfié le stock, ont provoqué une crise des plus sérieuses de l'industrie du riz, à Cholen, il y a trois ans. Des faillites se sont produites ; et, jointes à l'énergique et très opportune mesure temporaire prise par M. le gouverneur Gourbeil, en vue d'interdire pour une période déterminée l'exportation des riz, afin de parer à la menace d'une famine, elles avaient, à un moment donné, très fortement entamé la situation des Chinois « riziers » de Cholen.

Il faut voir et dire les choses telles qu'elles sont :

La disparition du monde chinois des affaires, ou même sa régression, en Indochine où il constitue entre l'Indigène et l'Européen un facteur économique essentiel, serait une catastrophe économique pour notre colonie. L'implantation chinoise y demeurera en corrélation directe avec le plus ou moins de développement, de prospérité de celle-ci. A ce titre, l'adduction de la population chinoise ne comporte ni d'être artificiellement, systématiquement attirée, ni interdite ; mais seulement canalisée et surveillée en conformité avec les besoins, les intérêts généraux de ce pays et de sa métropole.

Un mot encore, sur un point intimement lié au sujet traité ici :

Il existait avant la guerre, en Indochine, une très considérable firme allemande ; il en est deux autres, anglaises, importantes également quoique moindres. Mais on compte aussi nombre de très fortes maisons françaises ; et outre certaines grosses succursales de maisons de France, des affaires comme la Banque de l'Indochine, la Compagnie des Messageries Fluviales, les cimenteries de Haïfong, les grandes plantations, l'industrie de la soie, les mines du Tonkin suffiraient, à elles seules, à assurer la prédominance indiscutable de notre action économique dans cette partie de l'Asie. Le gros de l'exportation est d'ailleurs entre des mains européennes, et le développement certain de la culture caoutchoutière en Cochinchine, — prélude d'un développement agricole où le coton, la noix de coco et peut-être la banane joueront un rôle de premier ordre, — va y accentuer encore singulièrement la suprématie de nos compatriotes.

Dire, comme on le fait couramment en France et même là-bas, que nous avons sacrifié tant de vies et d'argent dans ces contrées pour permettre aux Allemands de venir y négocier, et aux Célestes d'en faire un prolongement de la Chine, c'est affirmer une inexactitude et taquiner le paradoxe : ce cher paradoxe par lequel le Français s'attribue si volontiers à lui-même une supériorité dont il n'est pas peu fier.

POUR CONCLURE

Je termine cet ouvrage en laissant, vous le pensez bien, maints sujets qu'il m'eût plu de traiter et dont la place était désignée ici. J'ai dû renoncer à les aborder cependant parce que cela m'eût entraîné, non plus à réunir en un cadre restreint quelques études de caractère assez différent, mais à donner à ce modeste travail l'allure d'une monographie de l'Indochine.

Or, cela était loin de mon esprit : je l'ai exposé dans l'Introduction.

Je n'en exprime pas moins le regret de n'avoir pu dire en ces pages ce qu'a été parmi tant d'autres branches le magnifique effort accompli par nos compatriotes d'Extrême-Orient. Que d'initiatives infiniment méritoires, que de beaux résultats !

Et aussi comme on sent bien, à les constater sur place, à toucher du doigt leur genèse et leur aboutissement, les inépuisables qualités de labeur, d'organisation, d'ingéniosité, d'esprit d'entreprise que renferme notre race lorsque, débarrassée des entraves de la vie métropolitaine et placée sur un terrain propice au développement

de ses qualités natives, elle peut donner la libre
mesure des hautes facultés qui caractérisent
notre génie national !

C'est à contempler ce réconfortant spectacle,
retrouvé au demeurant en tant de points du
globe, que l'on peut vraiment prendre conscience des infinies ressources de notre nation.
Ceux-là seuls qui l'avaient constaté, étudié et
admiré au cours de randonnées à travers notre
empire colonial, pouvaient avant la guerre soupçonner derrière le voile de nos dissensions intérieures, et, il faut bien le dire aussi, à travers les
apparences d'un certain relâchement plus super-
ficiel que réel, et préjuger de quel sursaut de
force, d'endurance, de confiance, la France
serait capable lorsqu'il lui faudrait défendre son
honneur et sa vie. L'union sacrée ? Le mot est
nouveau, né sous l'impression de la patrie en
danger. Le fait, lui, existait dans cette édifica-
tion de la plus grande France : œuvre gigantesque et splendide, honneur éternel de notre
peuple dans la période qui s'est écoulée entre
l'Année terrible et la Grande Guerre.

A cela, un seul élément a manqué et manque
encore : c'est d'être suffisamment connu de la
collectivité nationale, première bénéficiaire cependant de ce qui a été fait par une élite des siens
pour notre avenir dans le monde entier, et en
particulier dans cette magnifique Indochine,
fleuron de notre empire d'outre-mer.

C'est donc faire œuvre nécessaire que d'exposer au public français ce qui a été accompli, en son nom, au loin, par ses coloniaux; comme c'est un acte de simple justice de proclamer la portée de leur action multiple, féconde et souvent si glorieuse.

La satisfaction serait profonde de les énumérer toutes, ces belles initiatives de nos compatriotes, de reconnaître au mérite de chacune ce qui lui revient. J'ai dit pourquoi cela était impossible, dans le champ que je m'étais assigné.

Cet hommage rendu ici à leur valeur, aux remarquables résultats obtenus, à la part prise par tant des nôtres parmi les meilleurs dans notre expansion mondiale, n'atténue pas mon regret de n'avoir pu faire connaître en ce livre ce que tous ont accompli et que l'on peut imaginer par les exemples cités.

A tant de sujets de fierté qui lui sont aujourd'hui dévolus, la France peut en ajouter un autre : son œuvre en Asie Française.

FIN

CHINE
Kouang-Si
Kouang-Toung
TONKIN
YUN-NAN
Mékong
Xieng-Hong
Muong-Hou
Man-Hao
Ha-Giang
Soc-Giang
Cao-Bang
Lao-Kay
Li-Kiang
Long-Tchéou
Houan-tchéou
Si-Kiang
Bac-Kan
Tuyen-Quan
Thai-Nguyen
Nam-Quan
Lang-Son
Yen-Bay
Vinh-Yen
Phu-Lang-Thuong
Hong-Hoa
Son-Tay
Bac-Ninh
HANOI
Phu-Lien
Quang-Yen
Baie d'Along
Lei-tchéou
Muong-Sing
Hoa-Binh
Phu-Ly
Nam-Dinh
Hai-Phong
Xieng-Khong
Nam-Hoa
Muong-Son
Ninh-Binh
GOLFE
DU
TONKIN
Louang-Prabang
Than-Hoa
Kioung-tchéou
HAI-NAN
Xieng-Khouang
Song Ca
Plateau du Tran-Ninh
Vinh
Ha-Tinh
VIEN-TIANE
Nong-Khaï
Mékong
N. Teung
Quang-Binh
MER
Pak-Hin-Boun
Sé Bang Fai
Quang-Tri
HUÉ
Col des Nuages
Savannaket
Sé Bang Hien
Saravan
Tourane
SIAM
Nam Si
Nam Sak
Muong-Oubon
Sé Moun
Ban-Mouang
Quang-Ngai
DE
Mé-Nam
Muong-Lop-Bouri
Korat
Sé Khong
Kui-Nhone
BANGKOK
Khong
Cataractes de Khone
Angkor-Tom
Sé San
S. Bang Khan
Rapides de Préapatang
Song-Cau
Song Ba
Pak-Nam
Angkor-Vat
Siemreap
Battambang
Grand Lac
CAMBODGE
Rapides de Sambor
Nha-Trang
Chantaboun
Pursat
Tonlé Sap
Kompong-Thom
Kra-Tié
Muong-Khat
Kompong-Chnang
Mékong
PNOM-PENH
CHINE
GOLFE
DE
SIAM
Kampot
Chutes de Trian
Bien-Hoa
Phan-Thiet
Ha-Tien
SAIGON
Long-Xuyen
My-Tho
Baria
Rach-Gia
Vinh-Long
Tra-Vinh
COCHINCHINE
Ca-Mau
Bac-Lieu
MER
DE
CHINE
Chemins de Fer
Echelle
0   100   200 k
INDOCHINE
FRANÇAISE
E. Fonné   Paris
Touring-Club de France
BIRMANIE

TABLE DES MATIÈRES

PARIS. — TYP. PLON-NOURRIT ET Cⁱᵉ, 8, RUE GARANCIÈRE. — 21408.

Ouvrages sur la Guerre

1914-1915-1916

1° Récits de Combattants

MARCEL DUPONT

En Campagne. Impressions d'un officier de légère. 42ᵉ édition. Un volume in-16.. 3 fr. 50

CHRISTIAN MALLET

Étapes et Combats. Souvenirs d'un cavalier devenu fantassin (1914-1915). 11ᵉ édition. Un volume in-16.......... 3 fr. 50

HENRY D'ESTRE

D'Oran à Arras. Impressions de guerre d'un officier d'Afrique (1914-1915). 7ᵉ édition. Un volume in-16.......... 3 fr. 50

LÉONCE DE GRANDMAISON

Impressions de guerre de prêtres soldats. 7ᵉ édition. Un volume in-16... 3 fr. 50

CH. HENNEBOIS

Aux mains de l'Allemagne. — Journal d'un grand blessé. Préface d'Ernest DAUDET. 6ᵉ édition. Un volume in-16....... 3 fr. 50

Baron C. BUFFIN

La Belgique héroïque et vaillante. — *Récits de combattants.* 6ᵉ édition. Un volume in-16..................... 3 fr. 50

† PAUL LINTIER

Avec une batterie de 75. *Ma Pièce.* Souvenirs d'un canonnier. 5ᵉ édition. Un volume in-16..................... 3 fr. 50

RENÉ MILAN

Les Vagabonds de la gloire. Campagne d'un croiseur. 5ᵉ édition. Un volume in-16............................... 3 fr. 50

2° Ouvrages relatifs à la guerre

HENRY BORDEAUX

Trois Tombes. 10ᵉ édition. Un volume in-16........... 3 fr. 50

CHARLES LE GOFFIC

Dixmude. Un chapitre de l'histoire des fusiliers marins. (Prix Lasserre 1915.) 77ᵉ édition. Un volume in-16....... 3 fr. 50

EYDOUX-DÉMIANS

Notes d'une infirmière (1914). 9ᵉ édition. Un volume in-16. Prix.. 3 fr.

HERVÉ DE GRUBEN

Les Allemands à Louvain. Souvenirs d'un témoin. 6ᵉ édition. Une brochure in-16.................................. 2 fr.

GUSTAVE BABIN

La Bataille de la Marne. 8ᵉ édition. Un volume in-16 avec 9 cartes. Prix.. 2 fr.

JOSEPH BOUBÉE

La Belgique loyale, héroïque et malheureuse. Un vol. in-16. 3 fr.

GRAVES

Souvenirs d'un agent secret de l'Allemagne. Un volume in 16. Prix.. 3 fr. 50

RENÉ MOULIN

La Guerre et les Neutres. 2ᵉ édition. Un volume in-16. 3 fr. 50

PAUL FLAT

Vers la Victoire. 2ᵉ série. Un volume in-8ᵉ.......... 1 fr. 50

ÉNÉE BOULOC

Visions de guerre et de victoire. 3ᵉ édition. Un volume in-16. Prix.. 3 fr. 50

CHARLES CHENU

De l'Arrière à l'Avant. 3ᵉ édition. Un volume in-16... 3 fr. 50

REYNÈS-MONLAUR

Les Paroles secrètes. Roman. 13ᵉ édition. Un volume in-16. Prix.. 3 fr. 50

★ ★ ★

Les Dessous de la politique en Orient. Traduction et préface de M. H. BONNET. Un volume in-16.................. 3 fr. 50

Vᵗᵉ E.-M. DE VOGÜÉ

DE L'ACADÉMIE FRANÇAISE

Les Morts qui parlent.
Roman. 23ᵉ édit. . 3 fr. 50

Le Maître de la mer.
Roman. 38ᵉ édit. . 3 fr. 50

Jean d'Agrève. Roman. 13ᵉ édit. 3 fr. 50

Le Roman russe.
12ᵉ édit. . . . . . 3 fr. 50

*Syrie, Palestine, Mont
Athos.* 7ᵉ édit. . . . 4 fr.

Maxime Gorky. 3ᵉ éd. 1 fr. »

Pages choisies. 3ᵉ éd. 3 fr. 50

J.-K. HUYSMANS

ŒUVRES DIVERSES :

L'Art moderne. 3ᵉ édit.
Certains (critique d'art). 5ᵉ édit.
En Rade. 6ᵉ édit.

*Croquis parisiens. — A Vau-
l'eau. — Un Dilemme.* 4ᵉ édit.
De tout. 8ᵉ édit.

Là-Bas. 33ᵉ édit.

ŒUVRES CATHOLIQUES :

En Route. 38ᵉ édit.
La Bièvre et Saint-Séverin. 6ᵉ éd.
La Cathédrale. 36ᵉ édit.
Sainte Lydwine de Schiedam.
19ᵉ édit.

L'Oblat. 24ᵉ édit.
Les Foules de Lourdes. 32ᵉ édit.
Pages catholiques. 8ᵉ édit.
Trois églises et trois primitifs.
5ᵉ édit.

Chaque volume. . . . . 3 fr. 50

EUGÈNE FROMENTIN

Dominique. Roman. 49ᵉ édit.
Un Été dans le Sahara. 26ᵉ édit.

Une Année dans le Sahel.
14ᵉ édit.

Chaque volume. . . . . . . 3 fr. 50

Lettres de jeunesse. 5ᵉ édit.
Les Maîtres d'autrefois. 24ᵉ éd.

*Correspondance et Fragments
inédits.* 3ᵉ édit.

Chaque volume. . . . . . . 4 fr.

MAURICE MAINDRON

Le Tournoi de Vauplassans. Roman. 6ᵉ édit. (A). . . . . . 3 fr. 50

JEAN MORGAN

Un Enfant dans la foule. 4ᵉ éd.
Parmi les ruines. 5ᵉ éd.

Chaque volume. 3 fr. 50

† G. FEUILLOY

*Autobiographie de Henri Stan-
ley,* publiée par sa femme et
traduite par G. FEUILLOY.
Deux vol. Chaque. 3 fr. 50

Les auteurs dont le nom est précédé d'une croix † sont morts au
champ d'honneur.

ANDRÉ LICHTENBERGER

Mon Petit Trott (A). 80ᵉ édit.
La Petite Sœur de Trott (A). 46ᵉ édit.
*Line. 21ᵉ édit.
*Portraits de jeunes filles. 13ᵉ éd.
*Portraits d'aïeules. 7ᵉ édit.
*Notre Minnie. 18ᵉ édit.
*Contes de Minnie. 12ᵉ édit.

Père. 4ᵉ édit.
Rédemption. 3ᵉ édit.
La Mort de Corinthe (A). 7ᵉ édit.
L'Automne. 5ᵉ édit.
Juste Lobel, Alsacien. 13ᵉ édit.
Petite Madame. 26ᵉ édit.
Le Petit Roi. 19ᵉ édit.
Le Sang nouveau. 16ᵉ édit.

† PAUL ACKER

*Les Exilés. Roman. 19ᵉ édit.
Les Deux Cahiers. 9ᵉ édit.
Les Demoiselles Bertram. Roman. 9ᵉ édit.

Le Beau Jardin (Notes sur l'Alsace). 6ᵉ édit.
Le Soldat Bernard. Roman. 3ᵉ édit.

*Œuvres sociales des femmes. 2ᵉ édition.

ANDRÉ BEAUNIER

La Révolte. Roman. 6ᵉ édit.
Visages de femmes. 4ᵉ édit.
Les Idées et les Hommes. 1ʳᵉ sér.
— — 2ᵉ sér.

Visages d'hier et d'aujourd'hui.
Le Sourire d'Athèna. 3ᵉ édit.
L'Homme qui a perdu son moi. Roman. 9ᵉ édit.

Les plus détestables bonshommes. 2ᵉ édit.

DANIEL LESUEUR

Nietzschéenne. 32ᵉ édit.
Flaviana, princesse. 20ᵉ édit.

Le Droit à la force. 22ᵉ édit.
Chacune son rêve. 18ᵉ édit.

Au Tournant des jours. 15ᵉ édit.

† DU ROURE

Vie d'un heureux. 3ᵉ éd. Roman.

† DACRE

La Race. Roman.

RENÉ MILAN

La Mère et la Maîtresse. Roman.

La Race immortelle. Roman.

M. PALÉOLOGUE

Rome. 9ᵉ édition.
Dante. 3ᵉ édition.

DELLY

Entre deux âmes. 12ᵉ éd. Roman.
Esclave ou Reine. 11ᵉ éd. —

Tous les volumes de cette page sont à 3 fr. 50

JULIETTE ADAM

Chrétienne. 30ᵉ édit.   3 fr. 50
Païenne. 31ᵉ édit. . .   3 fr. 50

AVELINE

C'était à Berlin.
  Roman. 4ᵉ édit. . . .   3 fr. 50

JACQUES DES GACHONS

Dans l'ombre de mes jours. 4ᵉ édit.
Vivre la vie. 6ᵉ édit.   *Le Chemin de sable.* 4ᵉ édit.
Comme une terre sans eau... 5ᵉ édit.
Romans. . . . . 3 fr. 50

TH. DOSTOÏEVSKY

ROMANS :

Les Pauvres Gens . . 3 fr. 50
Souvenirs de la Maison des Morts. 14ᵉ éd. 3 fr. 50
Le Crime et le Châtiment. 23ᵉ édit. . . . 3 fr. 50
Humiliés et offensés. 6ᵉ éd. 3 fr. 50
Les Frères Karamazov. 6ᵉ édit.   3 fr. 50

ÉDITH WHARTON

Chez les heureux du monde.
  Roman. 9ᵉ édit. .   3 fr. 50
Sous la Neige.
  Roman. 3ᵉ édit. .   3 fr. 50

AVESNES

La Vocation.
  Roman. 4ᵉ édit. .   3 fr. 50
Journal de bord d'un aspirant.
  4ᵉ édit. . . . . .   3 fr. 50

† A. YVAN

Les Gédéon.
  Roman. 4ᵉ édit. . .   3 fr. 50

† G. DE CASSAGNAC

L'Agitateur.
  Roman. 7ᵉ édit. . .   3 fr. 50

† FORESTIER

La Pointe-aux-Rats.
  Roman . . . . .   3 fr. 50

† DEROURE

L'Éveil.
  Roman. 4ᵉ édit. . .   3 fr. 50

† CORNET (Capit.)

Au Tchad . . . . 4 fr.
A la conquête du Maroc-Sud.
  Prix . . . . 4 fr.

† DE RIVASSO

L'Unité d'une pensée.
  Essai sur l'œuvre de M. Paul Bourget . . . . . . 3 fr. 50

† LÉO BYRAM

Les Amis de mon ami Fou Than. Roman. . .   3 fr. 50

† AD. DARVANT

La Vie de garçon de Luce.
  Roman. . . . . . . 3 fr. 50

P.-N. 21776. — 10000-5-16.